Wie Buchholz eine richtige Stadt wurde

50 Jahre Gebietsreform 1972, ihre Vorgeschichte und ihre Folgen

Götz von Rohr

Förderer

Die Herausgabe des Buches wurde möglich durch die Unterstützung von

Hamburger Sparkasse

Stadt Buchholz

Stadtwerke Buchholz

Nordheide Wochenblatt

Bibliografische Information der Deutschen Nationalbibliothek
Die Deutsche Nationalbibliothek verzeichnet diese Publikation in der Deutschen Nationalbibliografie; detaillierte bibliografische Daten sind im Internet über http://dnb.d-nb.de abrufbar.

Herausgegeben vom Geschichts- und Museumsverein Buchholz und Umgebung e. V.
Sonderband des Geschichts- und Museumsvereins

www.pd-verlag.de, mail@pd-verlag.de
Tel. 04182/401037

Layout und Bildbearbeitung: Katrin Schwarz

ISBN 978-3-86707-881-8

Grußwort des Buchholzer Bürgermeisters

Liebe Leserinnen, liebe Leser,

das Buch „Wie Buchholz eine richtige Stadt wurde – 50 Jahre Gebietsreform 1972“ ist eine Einladung: Es nimmt Sie mit auf auf eine Reise durch die jüngere und jüngste Geschichte unserer Stadt. Götz von Rohr erzählt auf 130 Seiten, wie aus der Ortschaft Buchholz, die sich seit der Verleihung der Stadtrechte im Sommer 1958 zwar Stadt nennen durfte, aber noch ein Dorf war, die größte Stadt im Landkreis Harburg geworden ist. Die Gebietsreform, die am 1. Juli 1972 in Kraft trat, ist dabei ein, wenn nicht der entscheidende Wendepunkt auf diesem Weg.

Durch sie kamen Dibbersen, Steinbeck, Sprötze, Trelde, Reindorf, Holm, Seppensen und Holm-Seppensen zu Buchholz. Das Stadtgebiet wuchs infolgedessen auf einen Schlag von 17,5 auf 74,5 Quadratkilometer, die Bevölkerung schnellte von 15 273 auf 22 620 Buchholzer und Buchholzerinnen hoch. Dass heute fast 42 000 Menschen in Buchholz leben, zeigt, wie dynamisch sich unsere Stadt seither entwickelt hat.

Wie diese Entfaltung möglich war, welche Hindernisse, Probleme, Widerstände, Chancen und Risiken es gab, erzählt Götz von Rohr in seinem Buch. Anschaulich, fundiert, fakten- und anekdotenreich. Ich lege diese Lektüre jedem ans Herz, der mehr über seine Heimatstadt erfahren möchte. Freuen Sie sich auf eine spannende und abwechslungsreiche Entdeckungsreise durch die Buchholzer Geschichte!

Ihr

Jan-Hendrik Röhse

Bürgermeister

Vorwort des Herausgebers

Dieses Buch beschreibt ein wichtiges Thema, welches auch dem Geschichts- und Museumsvereins Buchholz und Umgebung e.V. am Herzen liegt: Die Entstehungsgeschichte des Zusammenschlusses der umliegenden Ortschaften mit der Stadt Buchholz im Rahmen der Gebietsreform 1972. Dies gelingt in dem neuen Buchholz-Band in überzeugender Weise. Die Lektüre möchte Alteingesessene und Neubürgerinnen ebenso wie jung und alt ansprechen, spannende und aufschlussreiche Einsichten vermitteln und zum Nachdenken anregen.

Das Buch bietet nicht nur einen Einblick in die Zeit der Entstehung der größer gewordenen, später sogenannten "selbstständigen" Stadt Buchholz, sondern holt weiter aus, um Buchholz in seinem Werdegang zu verstehen.

Gut gegliedert und anschaulich beschrieben wird der Leser mitgenommen auf eine Zeitreise durch die Buchholzer Geschichte. Für den Geschichts- und Museumsverein kommt das Buch genau richtig zur Eröffnung seiner Ausstellung „Zügig in die Zukunft - vom Heidedorf zum Knotenpunkt“. Das Buch schließt an die in der Ausstellung beschriebene Zeit an. Die Leserinnen, ob Alteingesessen oder Hinzugezogen, erfahren interessantes sowie Wissenswertes über ihre Stadt.

Der Vorstand des Geschichts- und Museumsvereins dankt dem Autor, Prof. Dr. Götz von Rohr, selbst seit dem Gründungsjahr Mitglied des Vereins, für seine aufwändige Recherche und deren anschauliche Umsetzung in dem vorliegenden Sonderband des Vereins. Wir wünschen dem Buch eine große Verbreitung.

Das Vorstandsteam des Geschichts- und Museumsvereins Buchholz und Umgebung

Geschichts- und Museumsverein Buchholz und Umgebung e. V.
http://www.gmv-buchholz.de/

Vorwort des Autors

Die Gemeindegebietsreform fand in Niedersachsen in den Jahren 1972 bis 1977 ihren Abschluss. Im Landkreis Harburg war es bereits am 1. Juli 1972 so weit. Die Gebietsreform war zwar nicht allein zu betrachten. Sie war Bestandteil einer umfassenden Verwaltungsreform, so dass man beide Reformen immer zusammen betrachten muss. Auf der örtlichen Ebene war allerdings die Veränderung der Gemeindegrenzen das Auffallendste und vielfach auch Umstrittenste. Und diese jährt sich im Jahre 2022 zum 50. Male.

1969 trat ich beruflich in der Hamburger Baubehörde meinen ersten „richtigen", also unbefristeten Job an und zwar im Landesplanungsamt und darin in der Abteilung, die unter anderem für die Zusammenarbeit mit den benachbarten Gemeinden, Kreisen und Bundesländern zuständig war. Hamburg lernte damals gerade, dass es ohne sein Umland gar nicht lebensfähig war – dort fand das Bevölkerungswachstum statt, dorthin verlagerten sich immer mehr Industriebetriebe (worüber ich 1970 promoviert habe), dort wurde immer mehr des dringend benötigten Wassers gefördert, vor allem dort konnten die wachsenden Abfallberge untergebracht werden. Es war eine hochinteressante Arbeit, bei der zwangsläufig auch die Gebiets- und Verwaltungsreform ein Thema war. Denn diese trat damals gerade in Niedersachsen für die Gemeinden und Landkreise und in Schleswig-Holstein für die Kreise in die entscheidende Phase.

1972, also gerade im Jahr der Gemeindegebietsreform im Landkreis Harburg, zog ich nach Buchholz und erlebte von Anfang an die neue Situation. Zugleich wechselte ich beruflich zur GEWOS, einem Planungs- und Beratungsbüro auf den Gebieten der Wohnungspolitik, der Stadtentwicklung, der Regionalplanung und der Landesentwicklung und hatte dort auch mit den Gebietsreformen in anderen Bundesländern zu tun, die später als Niedersachsen „dran" waren, vor allem in Nordrhein-Westfalen, Hessen, Bayern und Baden-Württemberg. Und als ich seit 1992 an der Kieler Universität die Professur für „Angewandte Geographie" bekleidete, hatte ich in vielen Projekten damit zu kämpfen, dass Schleswig-Holstein auf eine systematische Gemeindegebietsreform verzichtet hatte.

So reizte es mich, das Stichwort „50 Jahre Verwaltungs- und Gebietsreform in Niedersachsen" dazu zu nutzen, das vorliegende Buch zu schreiben. Dabei nehme ich bewusst die Graswurzelperspektive ein, schreibe also konsequent aus der Sicht von Buchholz und der umliegenden Gemeinden. Denn während auf Landesebene schon einiges veröffentlicht worden ist, gibt es auf Gemeindeebene fast nichts. Diejenigen, die damals selbst dabei waren und die Reform bewusst miterlebt und -gestaltet haben, werden immer weniger. Es war also höchste Zeit, zur Feder zu greifen, die heute die Form eines PC hat. Wie schon bei meinem Buch über Buchholz im Jahre 1945 finden Sie jedoch keine akademische Abhandlung, sondern eine populärwissenschaftliche Darstellung in journalistischem Stil. Sie finden deshalb auch keine Fußnoten oder Literaturhinweise. Im Anhang habe ich jedoch zu jedem Kapitel beschrieben, worauf die Darstellung fußt.

Hauptinformationsquelle war das Archiv der Stadt Buchholz. Hier danke ich ganz besonders der Archivarin Susanne Lang. Ich war mit Sicherheit einer der forderndsten und anhänglichsten Kunden der letzten Jahre! Ganz herzlichen Dank! Ebenso herzlich bedanke ich mich bei Dr. Martin Kleinfeld, dem Archivar des Landkreises Harburg, der viele Informationen bereitstellen konnte. Last not least gilt mein Dank Jochen Rabeler, dem Archivar der Samtgemeinde Jesteburg, die es ja immerhin geschafft hat, auf den beinahe letzten Drücker der Eingliederung nach Buchholz zu „entkommen"! Über ein spezielles Archiv verfügt auch das Heimatmuseum „Vierdörfer Dönz". Mein Dank geht an Annegret Schuur und Dr. Klaus Schuur, die insbesondere zur Situation in Sprötze sehr viel haben beisteuern können.

Sehr wichtig waren Gespräche mit Hans-Joachim Röhrs und Prof. Dr. Jens-Rainer Ahrens, die bei der Vorbereitung und Umsetzung der Gebietsreform bereits Verantwortung trugen. Herr Röhrs tat dies in der Landkreisverwaltung und als Gemeindedirektor von Seevetal, bevor er Oberkreisdirektor des Landkreises Harburg wurde. Herr Ahrens war damals Landtagsabgeordneter und in der SPD-Fraktion für die Gebietsreform „zuständig" und damit auch in den Ausschussberatungen und Landtagsdebatten Hauptredner. Beiden gilt mein ganz besonderer Dank!

Ebenso herzlicher Dank geht an die drei schon seit den 1960er Jahren bei der Stadt Buchholz tätigen Verwaltungsmitarbeiter Klaus Adam, Hans-Jürgen Klutmann und Herbert Wolske, die besonders viele interessante Informationen dazu beisteuern konnten, wie damals in Buchholz Verwaltung funktionierte. Genauso gilt mein Dank weiteren Gesprächspartnern, die ich zu ihren Erfahrungen mit der Gebietsreform habe befragen können, nämlich Klaus Fink, Joachim Grossmann, Hartmut Matthies und Dieter Ohnesorge.

Buchholz, im März 2022

Götz von Rohr

Inhaltsverzeichnis

Der Autor

Prof. Dr. Götz von Rohr, Jahrgang 1944, wächst als Flüchtlingskind im Landkreis Verden auf, bevor seine Familie 1952 nach Hamburg zieht. Er studiert dort und schließt sein Studium als Diplom-Geograph ab. 1969 bis 1992 arbeitet er in der Wohnungswirtschaft und in der Hamburger Verwaltung und zwar in der Behörde für Stadtentwicklung und Umweltschutz und schließlich im Planungsstab der Senatskanzlei. Er nimmt 1992 den Ruf auf die Professur für Angewandte Geographie an der Universität Kiel an und ist dort bis 2009 in Forschung und Lehre tätig. Seit 1972 wohnt er in Buchholz und engagiert sich von Anfang an in der Kommunalpolitik, 1991 bis 1994 als Bürgermeister.

Sein wichtigster Forschungsschwerpunkt ist die so genannte „Stadt-Umland-Forschung" mit der zentralen Frage, wie das Wachstum der Großstädte in ihr Umland hinein funktioniert. Schon 1970 promoviert er über das Thema der Industrieabwanderung aus Großstädten in ihr Umland am Beispiel der Hamburger Region. Über Jahrzehnte ist er einer von ganz wenigen Wissenschaftlern in Deutschland, die nicht nur über das großstädtische Umland schreiben, sondern dort auch wohnen – und das als überzeugter Buchholzer. Das vorliegende Buch ist auch vor diesem Hintergrund entstanden.

Der Bau der Empore war kommunalpolitisch umstritten, solange darin Teile der städtischen Verwaltung untergebracht werden sollten (Ratssaal, Standesamt, Bürgermeisterbüro, Büro des Stadtdirektors etc.). Als sich die Empore im ersten Jahr ihres Betriebes hin zu einer Veranstaltungshalle mit Gastronomie im Erdgeschoss entwickelte, wuchs die Zustimmung zur Empore sehr schnell.

1 - Ist Buchholz eine „richtige“ Stadt?

Stadtrechte und „städtisches Gepräge“

„Richtige Stadt“? Mit dieser Frage kann man in Buchholz bis heute lebhafte Debatten auslösen. Aber man kann es sich mit der Antwort auch einfach machen. Am 16. August 1958 bekam Buchholz in einer Festveranstaltung vom Lüneburger Regierungspräsidenten das Recht verliehen, sich „Stadt“ zu nennen. Der Innenminister in Hannover hatte die Urkunde schon einen Monat vorher am 15. Juli 1958 unterschrieben. Rein formal wurde Buchholz im Jahre 1958 eine Stadt. Punkt.

Mehr, als dass Buchholz sich nun „Stadt Buchholz Kreis Harburg“ und ab 1960 „Stadt Buchholz in der Nordheide“ nennen durfte, war damit allerdings nicht verbunden. Im Mittelalter war das anders. Stadtrechte wurden vom Kaiser oder vom Landesherrn verliehen. Sie bedeuteten eine viel größere Selbstständigkeit, als sie der Bewohnerschaft ländlicher Siedlungen gewährt wurde, die jahrhundertelang durch Leibeigenschaft und drückende Steuerlasten gegenüber dem Landesherrn und der Kirche gebeutelt wurde. Im 20. Jahrhundert hatte der Titel „Stadt“ dagegen nur noch repräsentative Funktion.

Die Frage nach der „richtigen“ Stadt geht aber in eine andere Richtung. Zur Stadt soll nach dem Niedersächsischen Kommunalverfassungsgesetz eigentlich

Die Festveranstaltung zur Verleihung der Stadtrechte fand im Saal von Hotel Cohrs statt, wo seinerzeit üblicherweise auch die Sitzungen des Buchholzer Gemeinderates abgehalten wurden. Der Herr, der gespannt zusah, wie Bürgermeister Ludwig Kröger die Amtskette umgelegt wurde, war Albert Haupt, der im Verlaufe der Festveranstaltung vom „Gemeindedirektor“ zum „Stadtdirektor“ mutierte.

nur eine Gemeinde ernannt werden, die nach ihrer Einwohnerzahl, ihrem Siedlungsbild und ihrer wirtschaftlichen Situation „städtisches Gepräge“ zeigt. 1958 verbanden dies viele mit beispielsweise Stade oder Lüneburg, vielleicht auch noch mit Winsen, aber ganz bestimmt nicht mit Buchholz.

1958 wirkte der Ort wie ein aus den Fugen geratenes Dorf. Warum dies so war, beschreibt das folgende Kapitel 2. Der plötzliche Schritt vom Nordheidedorf zum Eisenbahnknotenpunkt war das eine. Dass Buchholz damit auf einmal erheblich näher an Hamburg rückte mit der Folge, dass Buchholz zuerst für Wochenendsiedler und dann immer mehr als Wohnort für Hamburg-Pendler attraktiv wurde, war das andere. Buchholz wurde innerhalb weniger Jahrzehnte von Bebauung und Bevölkerung überzogen, die mit dem Dorf nur noch wenig zu tun hatten.

Die Gebietsreform 1972 – Trittstein auf dem Weg zur „richtigen“ Stadt

Heute gibt es kaum noch jemanden, der Buchholz ein kleinstädtisches Gepräge absprechen würde. Auf dem Weg dahin spielte das Jahr 1972 eine entscheidende Rolle. Es war das Jahr der Gemeindegebietsreform im Landkreis Harburg und steht im Mittelpunkt dieses Buches. Die „Verwaltungs- und Gebietsreform in Niedersachsen“, so die korrekte vollständige Bezeichnung, wollte die neuen Städte und Gemeinden in die Lage versetzen, besser mit den vielfältigen Herausforderungen fertig zu werden, die allenthalben auftauchten. Das waren so viele und so grundlegende, dass viele der in ihrer Grundstruktur noch preußischen Gemeindeverwaltungen ziemlich überfordert waren.

Die Reform des Jahres 1972 hatte einen langen Vorlauf. Dieser Problematik widmen sich die Kapitel 3 und 4. Wie sah die preußische Kommunalverfassung aus und wie wurde sie nach dem Zweiten Weltkrieg, intensiv beeinflusst durch die britische Besatzungsmacht, weiterentwickelt? Und was hatte sich alles in der Nachkriegszeit in unserer Gesellschaft getan? Was rollte wie eine Lawine auf die Gemeinden zu? Was führte insbesondere in kleinen Gemeinden immer häufiger zum Offenbarungseid, also dazu, dass der Kreis Aufgaben übernehmen musste, die vor Ort in kleinen Gemeinden nicht zu bewältigen waren? Mit anderen Worten: Was machte eine Verwaltungs- und Gebietsreform über kurz oder lang unausweichlich?

Die Reformen des Jahres 1972 hatten Folgen, die für Buchholz auf seinem Weg zu einer „richtigen“ Stadt ganz entscheidend waren. Zumindest drei Zusammenhänge sind dabei zu nennen. Zum einen entstand in den 1970er und 1980er Jahren eine Stadtverwaltung, die sehr viel leistungsfähiger war als die, die Buchholz in den alten Grenzen zur Verfügung stand. Dies lag kaum daran, dass die wenigen Mitarbeiterinnen und Mitarbeiter, die in den eingegliederten Gemeinden arbeiteten, in die Buchholzer Verwaltung übernommen wurden. Vielmehr wurde das, was in Alt-Buchholz schon zum Aufgabenbestand gehörte, nun für eine Bevölkerung in einer Zahl bereitgestellt, die 32 Prozent größer als vor der Gebietsreform war. Dazu wurden Aufgaben vom Kreis übernommen. Und dann kamen laufend ganz neue Aufgaben hinzu.

Zum anderen hatte die Gebietsreform großen Einfluss auf das Buchholzer Selbstverständnis als Stadt. Dies entwickelte sich selbstverständlich nicht von heute auf morgen von „ländlich“ zu „städtisch“. Und der Prozess begann auch schon früher. So schildert Kapitel 5, dass sich Buchholz schon in den 1950er Jahren darum bemühte, anstelle von Winsen Kreissitz mit der Kreisverwaltung zu werden. Während dies nicht von Erfolg gekrönt war, geht es in Kapitel 6 um die landesplanerische Einstufung von Buchholz als Mittelzentrum. Dies war nämlich nicht allein Ergebnis der Gebietsreform, sondern ging auf regionalplanerische Festsetzungen zurück, die schon seit den 1950er Jahren getroffen wurden.

Schließlich hatte die Gebietsreform Einfluss darauf, was man „sich zutraute“. Der erste im Zuge der Kommunalwahl 1972 gewählte Buchholzer Stadtrat der

Blick 1969 aus Richtung des Eiscafés in den Buchholzer Höfen auf die Einmündung der Poststraße in die Breite Straße und auf den Hof Albers („Mühlen-Albers“). Das rechts angeschnittene Bauschild bezog sich unter anderem auf den Supermarkt der „Pro“, wo später „Edeka Subey“ einen seiner Standorte hatte.

Heute blickt man von ungefähr derselben Stelle auf die Buchholz-Galerie. Die alten Fahrbahnverläufe sind nicht mehr zu erkennen. Einziger unveränderter Orientierungspunkt ist das Gefallenenmahnmal.

Das Foto wurde 1960 an der Einfahrt zu den Parkplätzen vor Hotel Cohrs aufgenommen. Es zeigt die Breite Straße bis zu ihrem westlichen Ende mit der Bäckerei Karstens und dem zugehörigen Café Karstens im Flachdachgebäude. Die Feuerwache auf der linken Seite mit ihrem Schlauchturm wirkt wie aus der Zeit gefallen.

Das neue Volksbankgebäude steht tatsächlich an genau derselben Stelle, wo es auch 1960 stand. Der neue Eingang zu den Buchholzer Höfen liegt da, wo sich 1960 die Parkplätze vor Hotel Cohrs befanden.

Das alte Rathaus – hier 1959 – lag ungefähr dort, wo sich heute die Bühne der Empore befindet.

„neuen Größe“ machte sich z. B. sofort an die Neugestaltung der Buchholzer Innenstadt. Mehrere Bebauungspläne wurden zu diesem Zweck aufgestellt oder gründlich überarbeitet. Mehrere Umlegungsverfahren wurden eingeleitet, um die Voraussetzungen zu schaffen, die Pläne zu verwirklichen. Kapitel 12 wird unter anderem zeigen, warum jemand, der das letzte Mal vor 50 Jahren in der Buchholzer Innenstadt war, sich dort nur schwer zurechtfinden würde.

Das Verfahren der Gebietsreform zieht sich über sieben Jahre hin

Den Ablauf der Gebietsreform beschreiben mehrere Kapitel. In Kapitel 7 steht das Verfahren im Blickpunkt, wie es für ganz Niedersachsen festgelegt worden war. Dabei geht es unter anderem darum, welche Anforderungen benannt wurden, die von den neuen großen Gemeinden auszufüllen waren. Die Gemeinden rund um Buchholz waren sich dabei in einem Punkt weitgehend einig: Zu Buchholz wollten sie nicht. Wäre es ausschließlich nach den Nachbargemeinden gegangen, wäre wohl nur Steinbeck zu Buchholz gekommen. Kapitel 8 widmet sich der Debatte, die sich in den Jahren 1969 bis 1972 in der Nachbarschaft von Buchholz abspielte.

Die Gemeinden, die den heutigen Buchholzer Ortschaften entsprechen, gaben irgendwann den Widerstand gegen die Eingemeindung auf und schlos-

Le Grand Place, der Marktplatz in Brüssel, eignete sich nicht als Vorbild für die Gestaltung der Buchholzer Stadtmitte. Als Buchholz das erste Mal im Mittelalter schriftlich erwähnt wurde, besaß Brüssel bereits die Stadtrechte und eine vier Kilometer lange Stadtmauer!

sen mit Buchholz sogenannte Gebietsänderungsverträge ab, wie sie kommunalrechtlich vorgeschrieben waren. Das ist das Thema des Kapitels 9. In Kapitel 10 geht es schließlich um den konkreten Übergang von den alten Gemeindestrukturen zur neuen Stadt Buchholz.

Eines war nach der Reform unausweichlich. Buchholz brauchte ein neues Rathaus. Schon in den 1960er Jahren war dies ein immer wieder heiß diskutiertes Thema, wurde jedoch ein ums andere Mal auf die lange Bank geschoben. Ab 1972 wurden die Raumprobleme der Verwaltung immer dringlicher. Kapitel 4 und dann vor allem Kapitel 11 beschreiben den langen Weg zu einem neuen Rathaus in Buchholz.

Die Folgen der Verwaltungs- und Gebietsreform erschöpften sich aber nicht nur im Hochziehen von Verwaltungsgebäuden. Buchholz musste vielmehr zusammenwachsen und tat dies auch. So wurden die neuen Gewerbegebiete der Stadt zwar in den Ortschaften angelegt, jedoch von Anfang an als Buchholzer Gewerbegebiete empfunden. In den Ortschaften Holm-Seppensen, Steinbeck und Sprötze wuchs die Einwohnerzahl genauso schnell wie innerhalb der alten Buchholzer Grenzen, gebietsweise sogar schneller. Alte Straßen wurden ausgebaut, neue Straßen wurden angelegt. Es entstand ein Stadtbussystem mit Linien von der Innenstadt ausgehend in sechs Richtungen. Der Bahnhof rückte immer mehr an das Zentrum heran und ist von Hunderten von P+R-Stellplätzen und Bike+Ride-Möglichkeiten umgeben. Schulen, „Soziales“, Kultur und Sport entwickelten sich immer differenzierter. Kapitel 12 widmet sich diesem Themenspektrum.

Im Ergebnis ist Buchholz eine richtige Stadt geworden. Natürlich eine kleine Stadt. Man darf Buchholz nicht mit Lüneburg oder Stade vergleichen, und schon gar nicht mit Brüssel, das in einer ganz anderen Liga spielt. Als in den 1970er Jahren die Neugestaltung des heutigen Areals zwischen Empore, Buchholzer Höfen und Buchholz-Galerie debattiert wurde, gab es jedoch tatsächlich einen Diskussionsteilnehmer, der empfahl, man möge sich doch am Brüsseler Marktplatz orientieren!

Heute wird Buchholz kaum noch als „häßlich“ bezeichnet, eher als „Stadt mit kurzer Geschichte“. Von einem Schock, wie ihn Neu-Buchholzer Familien 1972 vielfach erlitten, wenn sie sich erstmals gründlicher in ihrem neuen Wohnort umsahen, hört man heute nur noch selten.

2 - Von der Eiszeit bis zur Eisenbahn – ein Kurzdurchgang durch die Buchholzer Geschichte vor der Gebietsreform

Die Landschaft in und um Buchholz

Die letzte Eiszeit schaffte es, von der Ostsee her mit ihrem Eispanzer vorrückend, nur bis ins östliche Hamburg. Zwischen Hamburg und Buchholz verlief schon damals das Elbe-Urstromtal, das sich bereits beim Abschmelzen des bis zu 3000 Meter dicken Inlandeises der vorherigen Eiszeit bildete. In Buchholz sah es zu dieser Zeit sehr unwirtlich aus. Das Gebiet lag noch vor 20 000 Jahren mitten in der Polarwüste, die nur im Sommer oberflächlich auftaute. Genau in diesem Klima bildeten sich zum Beispiel die abwechslungsreichen Nebentälchen des Steinbachtals (wie In den Bergen, Föhrenschlucht, Butterberg), was aber auch schon in der vorherigen Eiszeit begann.

So ähnlich könnte es im Steinbachtal im Bereich von Uhlengrund und Butterberg vor 20 000 Jahren ausgesehen haben. Das Foto ist auf Ellesmere-Island in Nord-Kanada aufgenommen.

Als es vor 18 000 Jahren langsam wärmer wurde, war die Elbe in jedem Sommer unpassierbar. Schmelzwassermassen rauschten Richtung Atlantik. Eine Bucht, die man hätte „Nordsee“ nennen können, gab es noch gar nicht, da der Meeresspiegel des Atlantik mehr als 100 Meter niedriger als heute lag. Es gab aber auch kaum jemanden, der Interesse daran gehabt haben könnte, die Elbe zu überqueren. Bis sich nördlich und südlich der Elbe eine nennenswerte Flora und Fauna entwickelten, dauerte es noch eine Weile. Vor 10 000 Jahren, als das Inlandeis der letzten Eiszeit auch in Skandinavien wegschmolz, bildeten sich erste Wälder, zuerst Birken-Kiefernwälder, dann Haselwälder, schließlich lichte (Trauben-)Eichenwälder. Die Buchen waren in der letzten Eiszeit sogar bis in den Mittelmeerraum verdrängt worden. Erst vor ungefähr 3000 Jahren schafften sie es wieder bis in die Nordheide – eine Voraussetzung dafür, dass sich hier später ein Dorf „Buchholz“ nennen konnte.

Die Buchholzer Ortschaften sind vermutlich alle im Frühmittelalter entstanden

Jäger und Sammler wanderten erst frühestens vor 10 000 Jahren von Süden her ein. Erster Ackerbau hat vermutlich nicht früher als vor 5000 Jahren stattgefunden. Die Dörfer, die sich in dieser Zeit bildeten, waren noch nicht sehr zahlreich und wurden immer wieder einmal verlegt. Auf dem Gebiet des heutigen Buchholz sind davon bisher kaum Spuren gefunden worden. Schriftliche Zeugnisse begannen, was ihre zeitliche Einordnung betrifft, in Nordniedersachsen erst um 780 n. Chr. Denn die vorher in der Lüneburger Heide für Urkunden eigentlich „zuständigen“ Sachsen haben kaum etwas aufgeschrieben, da sie noch keine Schrift kannten. Erst mit Karl dem Großen und den von ihm mitgebrachten und beschützten schriftgelehrten Missionaren ging es also los. Damals am Ende des 8. Jahrhunderts haben wahrscheinlich auch schon Meilsen, Dibbersen, Dangersen, Vaensen, Buensen, Seppensen und Reindorf bestanden.

Die Buche gehörte zu den letzten Baumarten, die nach der letzten Eiszeit wieder in der Lüneburger Heide heimisch wurden. Das Bild ist in Ehestorf in der Gemeinde Rosengarten aufgenommen.

Orte auf die Endung „-sen" (abgeschliffen aus „-husen" bzw. „-hausen") und „-dorf" gelten nämlich in der Ortsnamenforschung als entsprechend alt. Nahe Vaensen und Buensen sind im Übrigen Gräberfelder aus dieser Zeit gefunden worden.

Die ersten Ortschaften der Stadt Buchholz, die urkundlich erwähnt wurden, waren im Jahre 1105 Sprötze („Sproccinla"), Trelde („Trintla") und Steinbeck („Stenbice", nicht ganz sicher). Sie waren zu diesem Zeitpunkt wahrscheinlich aber schon 200 Jahre alt, wie die Endung „-la" zeigt, die auf Rodungen schließen lässt. Das Dorf Buchholz war vermutlich auch kaum später als im 10. Jahrhundert entstanden. Damals begann die mittelalterliche Warmzeit und führte zu einem deutlichen Bevölkerungswachstum. Das wiederum bewirkte, dass verstärkt Wälder abgeholzt wurden, um neue Dörfer gründen zu können. Diese sind an Endungen wie „-holz" oder „-feld" oder eben „-la" bzw „-loh" zu erkennen. Bis Alt-Buchholz allerdings erstmalig genannt wurde (in derselben Quelle auch Holm), schreiben wir das Jahr (ca.) 1260. Tatsächlich entstanden waren die Buchholzer Ortschaften aber vermutlich noch im Frühmittelalter, das Mitte des 11. Jahrhunderts endete.

Im 14. und 15. Jahrhundert lief es nicht gut für die Nordheide. Im Jahre 1350 erreichte die große mittelalterliche Pest auch unsere Gegend. Ab dem 15. Jahrhundert wurde es zudem wieder erheblich kälter, die „kleine Eiszeit" begann. Und Hamburg lag nah. Seit dem 14. Jahrhundert erlebte Deutschland eine immer intensivere Landflucht, weil es sich in den Städten deutlich besser leben ließ. Hamburg wuchs als wichtige Hansestadt besonders stark und förderte die Landflucht von sich aus systematisch. Da ließen sich

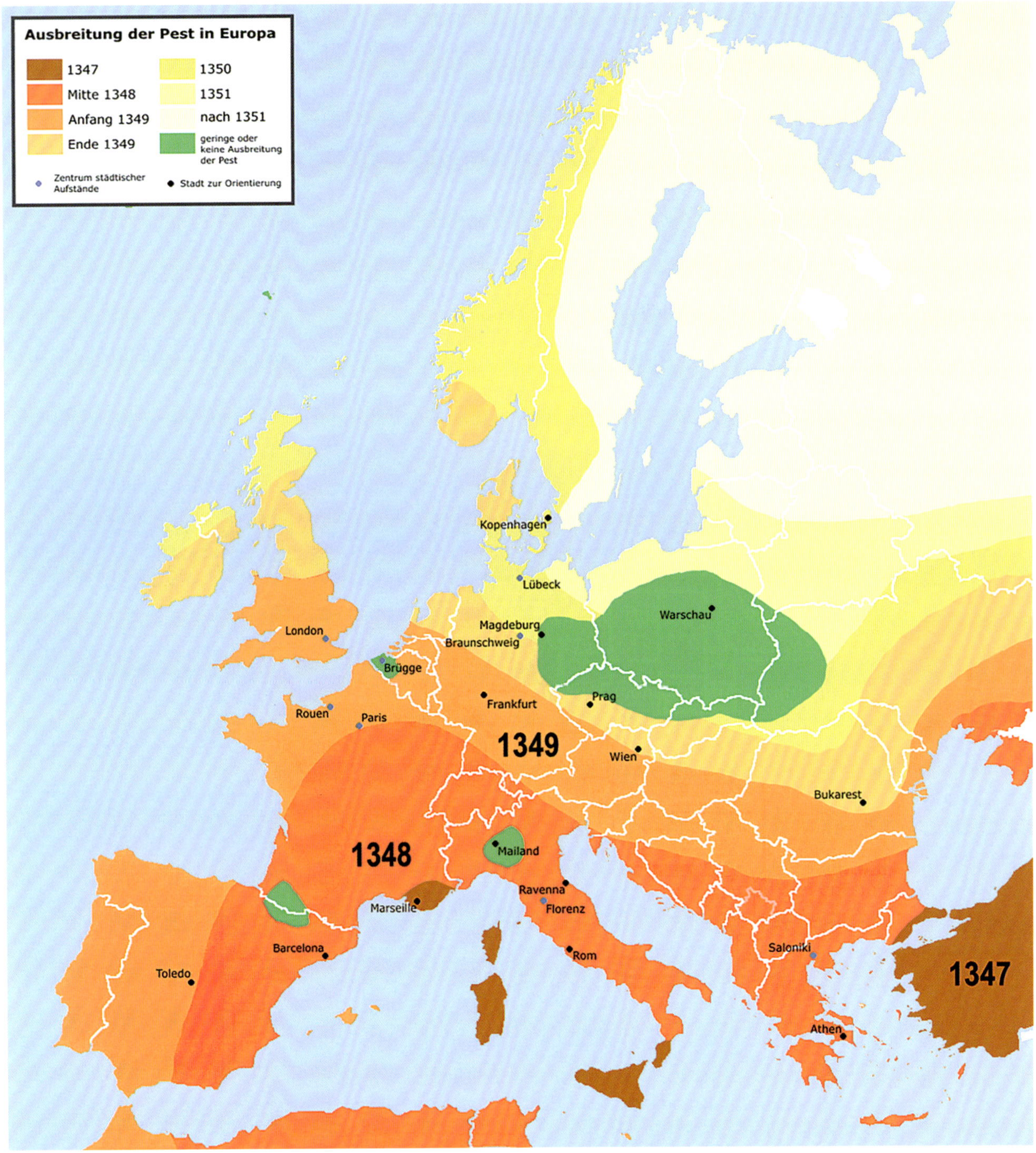

Die verheerendste Pestepidemie des Mittelalters wütete zwischen 1347 und 1351. Sie startete 1347 in Kleinasien und erreichte 1350 auch die Nordheide. Sie war eine der Ursachen dafür, dass in Norddeutschland viele Dörfer aufgegeben wurden („wüst fielen").

viele Bauern nicht zweimal bitten. Die Folge von alledem war, dass in der Lüneburger Heide viele Hofstellen und auch ganze Dörfer aufgegeben wurden. Auch Buchholz in seinen heutigen Grenzen war betroffen. Am Seppenser Mühlenweg an der Grenze zwischen Alt-Buchholz und der Ortschaft Seppensen fiel ein Hof „wüst". Die heute in Buchholz gelegenen Dörfer kamen als solche aber alle durch.

Dreißigjähriger Krieg und Franzosenzeit

Im 17. Jahrhundert folgte erneut eine Katastrophe – der Dreißigjährige Krieg. 1625 standen sich südwestlich von Hamburg der dänische König Christian IV. und der kaiserliche Heerführer Tilly mit ihren Heeren für längere Zeit gegenüber. Kein Dorf wurde beim Herauspressen von Nahrungsmitteln und Wertgegenständen übersehen. 1626 wütete einmal mehr die Pest. Allein in Soltau verstarben 500 Personen. Und der Krieg ging weiter. Noch mindestens drei weitere Male marodierten fremde Heere durch die Nordheide, von Mal zu Mal grausamer, da beim Plündern in den verarmten Dörfern immer weniger zu holen war.

Als nächstes hinterließ die „Franzosenzeit" von 1803 bis 1814 besonders intensive Spuren. Die Schäden waren aufgrund der enormen Steuer- und Abgabenlasten zum einen finanzieller Art. Zum anderen wurden in den Dörfern und Städten gewaltsam Truppen ausgehoben, so dass auf den meisten Höfen die Männer fehlten. Schließlich wurden die verbleibenden älteren Männer, aber auch Frauen und Kinder in einigen Dörfern brutal zu Straßenbauarbeiten herangezogen. Da ging es auch um Buchholz. Es stand der Bau der Chaussee Hamburg-Wesel an, die Napoleon ganz gezielt bauen ließ, um mit seinen Truppen schnell in die norddeutsche Tiefebene zu kommen. Eigentlich sollte sie auf der Trasse einer alten Heerstraße über Buchholz und Seppensen führen. Aber die Buchholzer wehrten sich vehement. Sie fürchteten vor allem, dass durchziehende Heere am Wegesrand plündern könnten. Denn der Dreißigjährige Krieg war noch nicht vergessen. Sie schafften es tatsächlich, dass die Chaussee nicht über Buchholz, sondern über Dibbersen, Steinbeck und Trelde geführt wurde. So musste kein Buchholzer im Straßenbau arbeiten, und man kann sich noch heute darüber freuen, dass die napoleonische Heerstraße und damit die spätere B 75 das Buchholzer Stadtzentrum nicht zerschneidet. Das gilt auch für die spätere B 3 und ihre Kreuzung mit der Franzosenchaussee, die auf den Trelder Berg gelegt wurde.

Diese Kreuzung von zwei stark frequentierten Überlandstraßen und heute zwei hochrangigen Bundesstraßen draußen auf freiem Feld war und ist ein Unikum in Deutschland. Solche Straßen kreuzen sich grundsätzlich immer in alten Städten. Denn diese waren Start und Ziel der vielen Postkutschen und Transporte aller Art, die zwischen den Städten verkehrten. Zwischen Soltau und Buxtehude bzw. Harburg gab es aber einfach keine Stadt, sei sie auch noch so klein. Da konnte man sich bei der Trassenfindung für die auch schon 1816 fertig gestellte Nord-Süd-Chaussee – in der Nordheide auch vielfach „Hannoversche Chaussee" genannt – kritiklos an Napoleons Heerweg und im Übrigen auch nach dem Gelände richten. Denn die heutige B 3 verlief über weite Strecken auf oder in der Nähe der Wasserscheiden. Das senkte die Baukosten und machte den späteren Transport einfacher. Zudem war die Chaussee von Süden her bis zum Trelder Berg und damit bis zur besonders gut ausgebauten Franzosenstraße viel kürzer, als wenn sie über Buchholz geführt worden wäre.

Heidelandschaft und Heidewirtschaft

Bei „Lüneburger Heide" denkt man zwar als erstes an Heidekraut, Wacholder, Heidschnucken, Schäfer, Schäferhunde und Schafställe. Die Bevölkerung der Heide lebte jedoch seit jeher in Dörfern, die von Wiesen und Äckern umgeben waren. Erst etwas weiter von den Siedlungen entfernt fand sich die Heide, meist sehr viel Heide, dazu einige Wälder und Moore.

Zwischen Sprötze und dem Trelder Berg existiert an der B 3 noch ein längeres Stück Chaussee mit altem Baumbestand. Es ist allerdings fraglich, ob die Bäume aus dem 19. Jahrhundert stammen.

Der Boden, den die eiszeitlichen Gletscher in Form von Moränen hinterlassen hatten, war eigentlich sehr fruchtbar. Er enthielt viel Kalk, da die Gletscher auf ihrem Weg aus dem Ostseeraum nach Norddeutschland mächtige Kalkschichten abrasiert hatten. Wieviel Kalkgestein da lagerte, kann man noch heute an den Kreidefelsen von Rügen oder Møn sehen oder auch im südschwedischen Schonen. Deshalb ist es beispielsweise in Ostholstein oder in Nordmecklenburg sehr fruchtbar.

Das galt zwar auch für die Lüneburger Heide, allerdings nicht für die obersten drei bis fünf Meter der Moränenschichten. Bis hierher schaffte es die letzte Eiszeit ja nicht. Die ursprünglich fruchtbaren Grundmoränen der vorletzten Eiszeit hatten also mehr als 100 000 Jahre lang bei Wind und Wetter, zehntausende von Jahren sogar ohne Vegetation an der Oberfläche gelegen. Der Kalk ist dabei in den obersten drei bis fünf Metern ausgewaschen worden. An vielen Stellen hat sich dann auch noch Flugsand darübergelegt, teilweise in der Form regelrechter Dünen. Die Bauern konnten also nicht viel aus den Böden herausholen.

Fast alle Bauern waren arm, da die wenigen fruchtbareren Flächen immer noch nur relativ karge Ernten brachten. Die viel größeren unfruchtbareren Areale kamen nicht unter den Pflug. Hier lagen die Wälder, teils herrschaftliche Wälder, teils Bauernwälder. Und hier lagen vor allem die Heideareale. Wann sie sich gebildet haben, ist unklar, irgendwann in der Zeit seit dem Mittelalter. Wie sie sich gebildet haben, steht dagegen fest. Ursprünglich waren es wohl lichte Ei-

Dies Foto zeigt die Straße von Buchholz nach Steinbeck etwa 1905 in der Höhe des Hopfenbergs mit Blick auf den Uhlengrund. Überall wächst Heide.

chen-, Birken- und Buchenwälder. Trieb man Schafe hinein, verbissen sie schnell alles, was nachwuchs. Lediglich Heidegestrüpp und Wacholder hielt stand. Schafställe, Schäfer und Schäferhunde komplettierten das Bild, eben „typisch Heide". Die Heidschnucken gaben Milch und Fleisch, ihre Wolle konnte verkauft werden, so dass sich die Heidschnuckenwirtschaft lohnte.

Wo die Bauernwälder in Abgrenzung zu den herrschaftlichen Forsten und wo die Heideflächen lagen, wurde im Laufe der Jahrhunderte immer sorgfältiger festgeschrieben. Dabei ging es selbstverständlich immer um die jeweiligen Nutzungsrechte, bei den Wäldern vor allem um Holzeinschlag und Schweinemast, bei der Heide insbesondere um die Beweidung durch Schafherden und um die Imkerei. Bis zur Mitte des 19. Jahrhunderts wurden die Bauernwald- und Heideflächen von den Bauern aller jeweils umliegenden Dörfer gemeinsam genutzt. Das änderte sich mit den Agrar- und Gemeindereformen, die nun Platz griffen und eine der Voraussetzungen dafür waren, dass die Heidschnuckenwirtschaft nicht mehr rentabel betrieben werden konnte. Darauf ist im folgenden Kapitel 3 zurückzukommen.

Die Bahn erreicht Buchholz – ohne viel Einsatz seitens der Gemeinde

Über Buchholz und seine Ortschaften gingen also Kriege und Pest, die Franzosen und der Beginn des Industriezeitalters hinweg, ohne dass sie groß aufgefallen wären. Dann kam das Jahr 1874. Buchholz stieg in die Liga der Orte mit Bahnanschluss auf,

Dieses Bild von 1910 zeigt im Hintergrund die 1878 fertiggestellte Brücke im Bereich des späteren Landvolkhauses. Das Gerüst im Vordergrund diente vermutlich dem Bau der heute nicht mehr existierenden Brücke zwischen Itzenbüttler Weg und Radeland.

Bis zum Bau der Canteleubrücke Mitte der 1970er Jahre gab es über die Lüneburger Bahn hinweg im Verlauf der Heidestraße einen beschrankten Bahnübergang. Mit dem Bau der Brücke und damit der Aufhebung des beschrankten Bahnübergangs wurde das nördlichste Stück der Heidestraße abgeschnitten und der Bahnhofstraße zugeschlagen. Seitdem beginnt die Heidestraße südlich der Bahn und zwar mit den Hausnummern 7 und 10.

Die Bahn Richtung Lüneburg unter der Roten Brücke auf dem Osterberg hindurch war seit ihrer Eröffnung im Jahre 1874 immer eingleisig, obwohl sie ursprünglich zweigleisig geplant wurde. Dies änderte sich erst mit der Fertigstellung der Güterumgehungsbahn zwischen Maschen und Buchholz. Erstaunlich ist, dass die im 19. Jahrhundert gebaute Brücke auch über 100 Jahre später den Anforderungen eines zweigleisigen Ausbaus einschließlich Oberleitung genügte.

dazu sogar als kleiner Bahnknotenpunkt. Am 1. Juni 1874 wurde die Bahnlinie zwischen Hamburg und dem Ruhrgebiet von der Venlo-Hamburger Eisenbahngesellschaft (VHE) eröffnet. Am 1. Dezember 1874 folgte die Bahnlinie zwischen Buchholz und Lüneburg und weiter über Dömitz und Wittenberge nach Berlin (Berlin-Hamburger Eisenbahngesellschaft BHE).

Die Buchholzer Bauern bemühten sich nicht sonderlich um ihren Bahnanschluss. Andere Gemeinden waren aktiver. Insbesondere Jesteburg kämpfte dafür, die VHE-Linie von Harburg aus durch das Tal der Seeve und dann weiter Richtung Tostedt zu führen, somit also in einigem Abstand an Buchholz vorbei. Die Trasse der VHE wurde erst 1872 in ihrem Verlauf über Tostedt und Buchholz mit ihren Bahnhöfen und Haltepunkten festgelegt. Viel Zeit war da nicht mehr bis zur Eröffnung im Juni 1874!

Auch der sogenannte Anschlusspunkt, an dem die Strecke der BHE aus Richtung Lüneburg auf die VHE-Strecke Harburg-Bremen stoßen sollte, war heftig umstritten. Fleestedt, Jesteburg, Tostedt und Lauenbrück brachten sich nachdrücklich ins Gespräch, was diesen Anschlusspunkt betraf. Sprötze war umgekehrt noch bis Februar 1874 strikt dagegen, dass Buchholz den Anschlusspunkt erhielt. Entschieden wurde noch später, so dass dies zu Verzögerung der Eröffnung bis zum Dezember 1874 führte.

Im Planfeststellungsverfahren für die Linie der VHE wurde festgelegt, dass der Bahnhof Buchholz ein „Inselbahnhof" im Winkel zwischen den Trassen Richtung Hamburg und Lüneburg werden sollte, so dass er keine direkte Anbindung an das Dorf Buchholz erhielt. Dafür wurde die Zusage festgehalten, dass der neue Bahnhof je eine Bahnüberführung nach Norden und nach Süden im Zuge der heutigen Straßenführung Kirchenstraße-Canteleubrücke erhalten sollte. Die Brücke nach Norden wurde 1878 auch schon fertig. Auf die Brücke nach Süden, die von der BHE zu zahlen war, also die spätere Canteleubrücke, musste man dagegen rund 100 Jahre warten. Sie wurde 1974 dem Verkehr übergeben. Nun zahlte nicht mehr die längst verblichene BHE. Nun zahlte das Bundesverkehrsministerium die Baukosten, da es sich bei der Brücke um den zeitgemäßen Ersatz des beschrankten Bahnübergangs an der Heidestraße handelte.

1901 wurde die Heidebahn von Buchholz nach Soltau eröffnet, nun bereits von der Königlich Preußischen Eisenbahn-Direktion, in die mittlerweile fast alle Privatbahnen integriert und damit verstaatlicht worden waren. 1902 folgte die Strecke Buchholz-Harsefeld-Bremervörde-Geestemünde. Beide Bahnlinien waren und blieben eingleisig. Sie gehörten also von vornherein de facto zu den Nebenstrecken. Sie sollten abseits gelegene Landstriche erschließen, auch wenn auf der Heidebahn täglich einige Eilzugpaare zwischen Hamburg und Hannover fuhren. Auch die Lüneburger Bahn, die ursprünglich als Teil einer Fernverkehrsstrecke Berlin-Wittenberge-Lüneburg-Buchholz-Geestemünde geplant war, erhielt sehr schnell den Charakter einer Nebenstrecke. Das ursprünglich geplante zweite Gleis wurde nie gebaut.

Das Gebäude der ehemaligen Bahnmeisterei ist das älteste heute noch erhaltene Bahnbauwerk aus der Zeit, als der Buchholzer Bahnknotenpunkt aufgebaut wurde.

Das alte Gebäude des Amtsgerichts Tostedt aus dem Jahre 1852 ist mittlerweile durch einen großen Neubau ergänzt worden.

Schon 1874 bei Eröffnung der Strecke war klar, dass die kurz vorher von der Konkurrenz fertiggestellte Verbindung Berlin-Stendal-Uelzen-Soltau-Bremen-Geestemünde erheblich schneller und damit kostengünstiger war.

Bahnen in fünf Richtungen – Buchholz startet durch

Buchholz war jetzt ein wichtiger Bahnknotenpunkt und wurde zum idealen Einsatzort für Schaffner, Lokführer und Heizer. Es wurde auch Standort einer Bahnmeisterei für die allfällige Streckenunterhaltung und eines Bahnbetriebswerkes zur laufenden Unterhaltung der Waggons und Loks. Etwas westlich von Buchholz entstand ein Verschiebebahnhof als Vorbahnhof für Hamburg. 1899 wurden schließlich die Rütgerswerke als Imprägnierwerk für Bahnschwellen und Telegraphenmasten zwischen Heidekamp und Rütgersstraße aufgebaut. Den Ausschlag bei der Standortwahl gab natürlich die gute Bahnanbindung. Im Ergebnis stieg die Einwohnerzahl von Buchholz ganz massiv. Lag die Zahl 1871 noch bei 350, so betrug sie 1905 bereits 1220.

Die bisherigen Größenverhältnisse zwischen den Nordheideorten kamen vollkommen durcheinander. Im 18. und 19. Jahrhundert waren Buchholz, Sprötze und Dibbersen immer ungefähr gleich groß. Hittfeld war als Kirchort deutlich größer. Tostedt war als alter Amtssitz bzw., nachdem die Ämter durch die Kreise ersetzt worden waren, als Sitz eines Amtsgerichts noch bedeutender. Nun aber wuchs Buchholz fast schon atemberaubend. Die umliegenden Dörfer wurden alle schon in den 1870er Jahren in der Einwohnerzahl überholt. Hittfeld war in den 1890er Jahren, Tostedt im Jahre 1919 dran. Später musste sich auch Winsen damit abfinden. In der zweiten Hälfte der 1960er Jahre wurde Buchholz zur größten Stadt im Landkreis Harburg. Bis dahin sind es jedoch noch einige Jahrzehnte.

Buchholz wird zu einem kleinen Nordheidezentrum

Durch die Bahn und die Rütgerswerke entstanden in Buchholz viel mehr Arbeitsplätze, als es bis dahin jemals in Buchholz gegeben hatte. Die Arbeitskräfte und ihre Familien wohnten zu einem sehr großen Teil in Buchholz, allerdings nicht alle. Ein Teil wohnte auch in den Nachbardörfern, die später nach Buchholz eingemeindet wurden. Die stark wachsende Bevölkerung brauchte entsprechend mehr Einzelhandel, Handwerk und Dienstleistungen. Dadurch entstanden weitere Arbeitsplätze. Auch daran hingen viele Familien. 1939 hatte Buchholz bei der damaligen Volkszählung 3209 Einwohner.

Hinzu kam, dass Buchholz im Wochenendtourismus immer bekannter wurde. Hermann Löns, Pastor Bode und viele andere sorgten schon vor dem Ersten Weltkrieg dafür, dass die Lüneburger Heide zu einer Art Sehnsuchtsort für abgearbeitete blasse Städter wurde. Die Hamburger und Harburger entdeckten, dass man problemlos mit der Bahn innerhalb von einer oder eineinhalb Stunden in der schönsten Heide sein konnte. Und Buchholz war der Ziel- oder Umsteigeort, durch den man auf dem Weg beinahe zwangsläufig hindurch kam. Während der schon damals regelrecht verklärten Heideblüte quollen die wanderlustigen Familien nur so aus den Zügen. Allein auf dem Buchholzer Bahnhof wurden im Jahre 1927 einmal 28 000 Fahrgäste an einem Sonntag gezählt! Man konnte in fußläufiger Entfernung von den Bahnhöfen in Buchholz, Sprötze oder Holm-Seppensen Gasthöfe, teilweise mit Badeanstalten, erreichen. Die „Waldquelle“ an der Parkstraße (heute nicht mehr existierend), der „Gasthof Dreeßen“ an der Lohbergenstraße (heute „Il Sole“), die Gasthäuser „Zum Heidekrug“ und „Gasthaus Niedersachsen“ in Holm-Seppensen (beide nicht mehr existierend) waren extrem beliebt. Was wollte man mehr?

Wochenendhaussiedlungen machen Buchholz zum „Ort im Grünen“

Viele wollten mehr. Spätestens, wenn es am Sonntagnachmittag an die Rückreise ging, tauchte immer wieder die Frage auf, ob man nicht eventuell in einem einfachen Wochenendhaus übernachten könnte. Denn der Sonnabend fiel für das Heidevergnügen weitgehend aus. Am Sonnabend wurde noch bis mittags, in vielen Betrieben sogar bis zum Abend gearbeitet. In den 1920er Jahren war die 48-Stunden-Woche noch eine hart erkämpfte Errungenschaft. Mit einem Häuschen in der Heide könnte man dagegen schon am Sonnabendabend anreisen! Otto Dreeßen oder August Wolgast, der Wirt in der „Waldquelle“, oder auch Wilhelm Schnoor, der Wirt im „Heidekrug“ und Heinz Ascher, Wirt im „Gasthaus Niedersachsen“, konnten helfen. Sie kannten die Bauern, denen die Heidegrundstücke in der Umgebung gehörten. Und die Preise waren sehr niedrig. In der zweiten Hälfte der 1920er Jahre waren es 20, vielleicht 30 Pfennig je Quadratmeter, je nachdem, wo das Grundstück lag. So entwickelten sich im 2-km-Umkreis um die Bahnhöfe auf den von den Bauern nicht mehr benötigten Heideflächen regelrechte Wochenendhaussiedlungen. Warum gerade zwei km? In dieser Entfernung von den Bahnhöfen und Haltepunkten lag die „Quengelgrenze“, die Grenze also, an der kleine Kinder schlicht nicht mehr weitergehen wollten. Denn die Wege waren beschwerlich. Zudem hatten die Familien immer einiges an Gepäck dabei.

Als erstes zogen die „Neuen“ einen Zaun um ihr Grundstück. Damit kam nun definitiv nie mehr eine Herde mit Heidschnucken vorbei, die bisher immer noch einmal anfliegende und aufwachsende Bäumchen abgenagt hatten. Als zweites wurden Bäume

Einer der Gasthöfe, die als Ausflugsziel besonders beliebt waren, lag nur ungefähr eine halbe Stunde Fußmarsch vom Buchholzer Bahnhof entfernt unten im Steinbachtal an der Lohbergenstraße, der Gasthof Dreeßen (heute Restaurant „Il Sole“).

gepflanzt, um bei Sonne Schatten zu haben, gern schnell wachsende und schattenspendende Fichten. Es dauerte nur 20 oder 30 Jahre, bis eine Wochenendhaussiedlung von weitem wie ein geschlossener Wald aussah. Verbliebene Heideareale waren überall auf dem Rückzug. So entstanden die „Waldwohngebiete“, die für Alt-Buchholz, Steinbeck, Sprötze und Holm-Seppensen lange Zeit typisch waren. Und so entstand auch in den 1950er Jahren die Bezeichnung von Buchholz als „Ort im Grünen“, später „Stadt im Grünen“. Inzwischen sind die Siedlungen fast alle zu ganz normalen Wohngebieten geworden. Die Häuser wurden größer, die Grundstücke wurden immer wieder einmal geteilt, ein Großteil der mittlerweile ohnehin schon sehr alten Kiefern und Fichten wurde gefällt, solange dem nicht der nächste Herbststurm zuvorkam. In vielen Teilen von Buchholz käme heute niemand mehr auf die Idee, von einer „Stadt im Grünen“ zu sprechen.

Auch im Nationalsozialismus ist Buchholz ein Zentrum

Ab 1925 sammelten sich in Buchholz überdurchschnittlich viele Nationalsozialisten. Dies war mit dem Namen Otto Telschow verbunden. Er war schon vor dem Ersten Weltkrieg den Rechtsextremen zuzuordnen und zog 1921 nach Buchholz. Seit 1925 war er von Hitler mit dem Aufbau der NSDAP in den Re-

In diesem Gebäude befand sich zeitweilig das Bahnhofshotel, wo auch NSDAP-Größen übernachteten.

gierungsbezirken Lüneburg und Stade beauftragt, eine Funktion, die man in der damaligen Splitterpartei relativ leicht bekommen konnte. Otto Telschow wurde Gauleiter des Gaues Hannover-Ost, Buchholz wurde das Organisationszentrum. Erst 1932 wurde dies nach Lüneburg verlagert, als die Räumlichkeiten in der Bahnhofstraße zu klein wurden. Zugleich war Telschow Herausgeber und Schriftleiter des „Niedersachsen-Stürmer", der sich in seinem Charakter als antisemitisches Hetzblatt nicht von dem auf Reichsebene in Berlin erscheinenden „Stürmer" unterschied.

Telschow wurde 1930 in den Reichstag gewählt und erreichte in Buchholz bei allen Wahlen Ergebnisse, die deutlich über dem Reichsdurchschnitt lagen. Bei der Wahl am 4. November 1932 verlor die NSDAP auf Reichsebene mit 34,2 Prozent erstmals wieder Stimmen, nicht jedoch in Buchholz. Hier wurde mit 49,3 Prozent das bis dahin beste Ergebnis erzielt. Bei der letzten, schon nur noch stark eingeschränkt freien Reichstagswahl am 5. März 1933 kam die NSDAP zwar reichsweit nur auf 44,7 Prozent. In Buchholz waren es 58,3 Prozent der Stimmen. Zusammen mit Tostedt war Buchholz eine der beiden Nazi-Hochburgen im Landkreis. Auch nach dem Zweiten Weltkrieg erwies sich die Nordheide in den Wahlergebnissen ab 1947 als auffallend „rechts".

Der Zweite Weltkrieg führt zu mehr als einer Verdoppelung der Einwohnerzahl

Die eigentliche Ursache dafür, dass die Waldwohngebiete heute viel mehr als Wochenendhausgebiete sind, lag in den Zerstörungen des Zweiten Weltkriegs in Hamburg und in den unendlichen Strömen der Flüchtlinge und Vertriebenen. Familien, die in Hamburg ausgebombt wurden, zogen in der Regel in ihr Wochenendhaus, wenn sie eines hatten. Allerdings verloren nicht alle Wochenendhauseigner ihre Hamburger Wohnung. Die leeren Wochenendhäuser wurden also nach Kriegsende sofort in die „Wohnraumbewirtschaftung“ genommen und mit einer oder mehreren Flüchtlingsfamilien belegt (vgl. Kapitel 4).

Dies hatte zwei Konsequenzen. Zum einen wuchs die Bevölkerungszahl drastisch. So sahen die Zahlen für Alt-Buchholz aus: 1939 wohnten hier 3209 Einwohner (s. o.). Im Jahre 1950 zählte man 7008 (am 1.4.50, als wiederum eine Volkszählung stattfand), was einem Zuwachs von 118 Prozent entsprach. Davon waren 1199 ausgebombte Hamburger, soweit sie nicht aus anderen Teilen der britischen Zone nach Buchholz gekommen waren. Und 2022 Einwohner waren Flüchtlinge und Vertriebene, zusammen mit den Hamburgern also genauso viele, wie Buchholz 1939 insgesamt an Einwohnern beherbergte. In Sprötze waren die Zahlen, um nur eine Ortschaft als Beispiel zu nennen, noch drastischer. Im Jahre 1939 gab es 562 Sprötzer. 1950 waren es 1393. Das entsprach einem Zuwachs von 148 Prozent in Sprötze! Allein Hamburger Ausgebombte zählte man nun 431, während die Flüchtlinge und Vertriebenen auf 385 Personen kamen.

Zum anderen wurden aus den großen Wochenendhausarealen von heute auf morgen Wohngebiete.

Deutlich ist zu erkennen, dass diese alte Wochenendhütte, die am Kattenberge bis heute überdauert hat, keinerlei Normen für eine Zulassung als Wohngebäude erfüllen würde. Selbstverständlich wohnte hier jedoch in der Nachkriegszeit eine Flüchtlingsfamilie.

Eins der größten geschlossenen Wohnungsbauprojekte in Buchholz stellt die Wohnsiedlung Reiherstieg dar, die im Wesentlichen aus ca. 400 Reihenhäusern besteht. Sie wurde 1968/70 fertiggestellt, was der schon sehr hochgewachsene Baumbestand des Jahres 2021 anschaulich dokumentiert.

So sah es 1925 an der Stelle aus, an der der Reiherstieg in den Seppenser Mühlenweg mündete.

Zwar hatte sich an den Gebäuden nichts verändert. Man wohnte darin nun aber auf Dauer. Das führte zu einigen juristischen Problemen. An die Genehmigung von Dauerwohngebäuden wurden auch zu dieser Zeit schon höhere Anforderungen gestellt, als dies bei Wochenendhütten der Fall war. Und teilweise standen sie auch in Landschaftsschutzgebieten, so insbesondere in Sprötze südlich der Bahn und südlich der Königstraße bzw. der Bürgermeister-Kröger-Straße. Hier wurde Wohnungsbau fast immer vom Kreis oder der Regierung in Lüneburg abgelehnt, was 1944 oder 1945 allerdings nur wenige interessierte. Spätestens seit der Gebietsreform war dies allerdings anders. Wenn dann auch noch eine Baugenehmigung fehlte, wurde es eng. Und wenn zu guter Letzt ein solches Wohngebäude auch noch großzügig erweitert wurde, fehlte endgültig eine Rechtsgrundlage. Mit diesem Problem hatten Sprötze bzw – nach der Gebietsreform – Buchholz noch jahrzehntelang zu tun. In fast allen Fällen fand man dann doch eine Lösung. Nur in einem einzigen Fall musste der Abrissbagger anrollen.

Erste Schritte hin zur Stadt

Am 15. Juli 1958 wurden Buchholz die Stadtrechte verliehen (vgl. Kapitel 1). Normalerweise ist ein solches Ereignis das Ergebnis einer Entwicklung, in der eine Gemeinde langsam in die Rolle als Stadt hineinwächst. In Buchholz war es eher umgekehrt. Die Stadtrechte bekam es zu einem Zeitpunkt, an dem kaum jemand im Kreis damit gerechnet hätte, auch nicht die meisten Buchholzer selbst. Obwohl sich doch Buchholz sogar schon um den Kreissitz beworben hatte (vgl. Kapitel 5).

In Buchholz ging die Entwicklung zur Stadt eigentlich erst los, als man schon zur Stadt ernannt war. In Kapitel 6 wird beschrieben, wie Buchholz zum Mittelzentrum wurde bzw. gemacht wurde. Man ließ Buchholz so schnell wachsen wie kaum eine andere Stadt im Hamburger Umland, ließ also vor allem sehr viel Wohnungsbau zu. Das hatte wiederum Folgen. Eine neue Grund- und Hauptschule, die „Heideschule“, wurde 1964 eröffnet. Das erste Gymnasium kam mit dem Albert-Einstein-Gymnasium im Jahre 1968, gefolgt 1971 von der Realschule am Buenser Weg und der Birkenschule. 1972, noch kurz vor der Gebietsreform, wurde das Hallen- und Freibad eingeweiht. Die Stadt und der Kreis rannten mit ihren Anträgen auf Finanzierung oder Bezuschussung beim Land letztlich offene Türen ein. Natürlich ging nicht immer alles reibungslos. Im Grundsatz sperrte sich aber niemand, gleichgültig wie schnell Buchholz auch wachsen wollte.

3 - Die Kommunalreform von 1972 ist nicht die erste in Niedersachsen

Abschaffung der Leibeigenschaft

Nach der Französischen Revolution war nichts mehr, wie es war. Zwar versuchten die herrschenden Häuser ab 1815, vieles zurückzudrehen. Bürgerliche Rechte standen nicht mehr hoch im Kurs. Der Geist der Französischen Revolution ließ sich allerdings nicht mehr in „die Flasche zurück" zwingen. In Preußen wurde die Leibeigenschaft 1807 abgeschafft, im Königreich Hannover 1833.

„Frei" waren die Bauern damit jedoch noch nicht. Es mussten auch die Lasten abgelöst werden, die dem Grundherrn laufend zu zahlen waren. Zudem musste das Grundeigentum zumindest in Teilen auf die Bauern übergehen. Enteignungen kamen in der nachrevolutionären Zeit natürlich nicht in Frage. Also wurde 1840 die Hannoversche Landeskreditanstalt gegründet. Um die Grundherren auszuzahlen, wurde den Bauern angeboten, günstige Kredite aufzunehmen. Dafür mussten die Ländereien definiert und vor allem vermessen werden, die beliehen werden konnten. Dies war nur in einer umfassenden Agrarreform möglich, die auch aus anderen Gründen unumgänglich war.

Fotos von heruntergekommenen Gebäuden und Höfen aus der Zeit vor der Agrarreform gibt es natürlich nicht. Die Fotografie wurde zwar in ersten Verfahren schon in den 1830er Jahren ausprobiert. Verarmte Bauern wurden da jedoch ganz bestimmt nicht als Motiv gewählt. Das abgebildete Buchholzer Fachwerkhaus musste beim Bau der Eisenbahn 1873 verlagert werden.

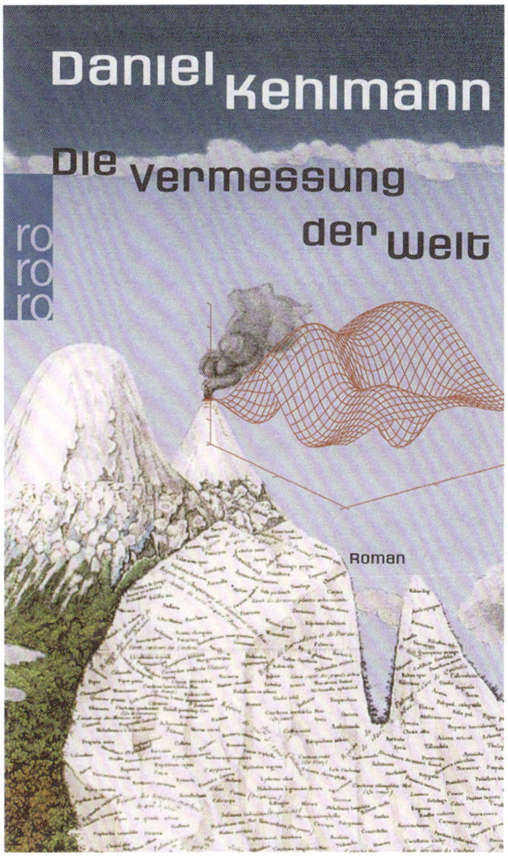

Im Buch „Die Vermessung der Welt" von Daniel Kehlmann werden die Arbeitsweise und der Charakter von Carl Friedrich Gauss plastisch geschildert. Sehr anschaulich ist z. B. das Kapitel „Der Garten".

Der erste Schritt der hannoverschen Landvermessung war die landesweite Einmessung von sogenannten Trigonometrischen Punkten (TP), die so gewählt waren, dass man bei gutem Wetter von einem Punkt alle benachbarten sehen konnte. Einer dieser TP hat seinen Standort auf dem Buchholzer Brunsberg.

Die Agrarreformen sorgen auf dem Land für die Bildung „richtiger" Gemeinden

Bis in die Mitte des 19. Jahrhunderts gab es noch gar keine Gemeindegebiete, die man hätte aufteilen oder – später – reformieren können. Es gab zwar obrigkeitlich verwaltete Gemeinden mit einem Schultheiß oder Dorfschulzen, später einem Gemeindevorsteher an der Spitze. Dessen Einfluss reichte jedoch im Wesentlichen nur soweit, wie sich um die Hofstellen herum Äcker und Wiesen anordneten. Vor allem darauf bezogen wurden seit alters her die Steuern und Abgaben berechnet, die von den Bauern abzuführen waren. Dass das reibungslos klappte, war zu dieser Zeit eine der Hauptaufgaben der Gemeindevorsteher. Vom Dorf aus gesehen „hinter" den Wiesen und Äckern, also vor allem in den Wäldern, Mooren und Heidearealen galt Gemeineigentum. Wo das eine Dorf aufhörte und das nächste anfing, wurde nicht genau registriert, weil es kaum jemanden interessierte.

Carl Friedrich Gauss war einer der führenden Köpfe in der neuen akademischen Disziplin der „Geodäsie", also der Landvermessung. Von 1820 bis 1826 führte er die Landvermessung im Königreich Hannover durch. Als die Hannoversche Landeskreditanstalt zu arbeiten begann, war sie auf die Vermessungsergebnisse angewiesen und zugleich darauf, dass nun Dorf für Dorf auch alle einzelnen Grundstücke exakt vermessen wurden. Denn dafür mussten erst die Grundlagen geschaffen werden. Grundbücher entwickelten sich zwar schon seit dem Mittelalter. Genaue Katasterkarten mussten aber erst noch aus der Gauss'schen Landesaufnahme abgeleitet werden.

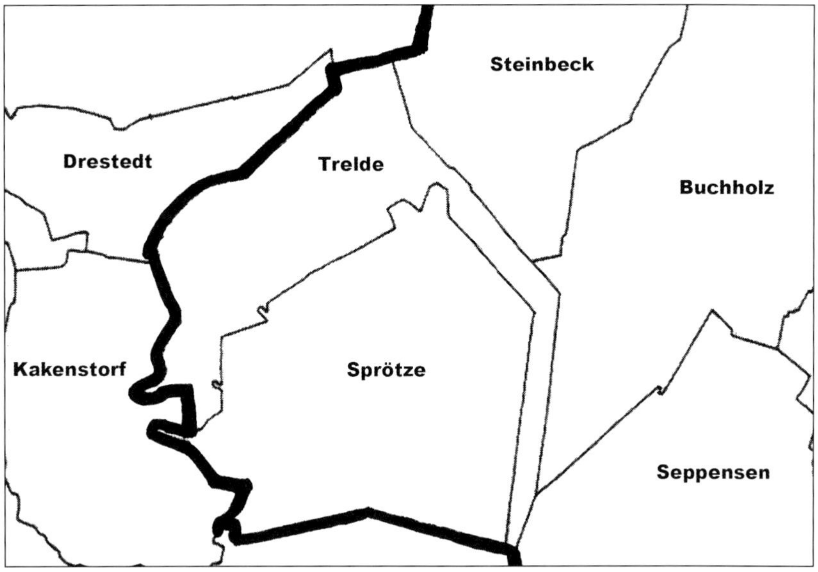

Auf dieser Skizze der alten Gemeindegrenzen vor der Gebietsreform ist der lange Streifen vom Dorf Trelde bis nach Suerhop sehr schön zu erkennen. Mit einer dicken Linie ist die heutige Stadtgrenze von Buchholz markiert.

In den 1840er und 1850er Jahren wurde es vor Ort in den Dörfern konkret. Der erste Schritt der Agrarreform im Königreich Hannover bestand aus der Generalteilung, worin die Verteilung der bisherigen Gemeineigentumsflächen, also von Wald, Heide und Mooren, auf die bestehenden Dörfer geregelt wurde. Es folgten die weiteren Schritte der Agrarreform, nämlich die Spezialteilung und die Verkopplung (außerhalb des Königreichs Hannover auch Separation oder Gemeinheitsteilung genannt). Bei der Spezialteilung wurden die Ansprüche der einzelnen Bauern an Grund und Boden in der Summe definiert. Bei der zeitgleichen Verkopplung schließlich wurde genau bestimmt, welcher Bauer welche Flächen bekam. Dabei wurden die Ackerparzellen, die bisher zum größten Teil aus lauter schmalen Streifen quer über die ganze Flur bestanden, arrondiert. Auf diese Weise konnten die Äcker endlich rationeller bewirtschaftet werden, ebenfalls ein wichtiges Ziel der Agrarreform.

Gemarkungen werden abgegrenzt und Grundbücher angelegt

Den Bauern war natürlich klar, dass es dabei „ums Ganze" ging. Bis alles ausgehandelt war, vergingen Jahre, manchmal Jahrzehnte, vor allem dann, wenn auch noch die Gerichte bemüht wurden. In Alt-Buchholz war dies aber nicht der Fall. 1857 wurde in einem abschließenden Vergleich („Rezess") das Verfahren abgeschlossen. Die Vaenser, die damals noch nicht zu Buchholz gehörten, schafften es zwischen 1847 und 1850. Sie waren aber auch kleiner.

Bei der Generalteilung kam der Aufteilung der bisher gemeinsam genutzten Wälder, also vor allem im Kleckerwald und im Brumhagenforst in der Nachbarschaft des Staasforstes Lohbergen, größte Bedeutung zu. Da Alt-Buchholz in beiden Wäldern über Nutzungsrechte verfügte, bekam es entsprechende Anteile. Im Kleckerwald liegen sie bis heute stadtauswärts links und rechts der Bendestorfer Straße bis zur ersten schwachen Linkskurve. Der Buchholzer Anteil am Brumhagenforst lag im Wesentlichen zwischen Steinbachtal und Suerhop. Heute erinnert nichts mehr an den Brumhagenforst, der zwischen Buchholz, Sprötze, Seppensen, Wörme, Höckel und Todtglüsingen aufgeteilt wurde.

Und auch Trelde erhielt ein Stück vom Brumhagenforst, da es dort Nutzungsrechte besaß. Der Forst lag jedoch so weit von der Trelder Dorflage entfernt, dass sich kein Stück dafür anbot, an Trelde gegeben zu werden. Da die Bildung einer Exklave vermieden werden sollte, wurde ein Grundstücksstreifen

Das Plaggen simuliert den Einfluss, den weidende Schafherden auf einen Heide-Biotop haben. Entsprechend muss es regelmäßig wiederholt werden.

vom Trelder Berg zum Trelder Moor und von dort nördlich um das heutige Brumhagen herum über das heutige Schulzentrum II hinweg nach Suerhop geschnitten, wo nun endlich auch Trelde in den Besitz von einem Stück Wald gelangte. Dieser Streifen ist meist nur 300 Meter breit, jedoch insgesamt mehr als 5 Kilometer lang. Auch heute gehört Suerhop immer noch überwiegend zur Ortschaft Trelde.

Am Ende stand, das jedes Dorf genau die Grenzen seiner Gemarkung und alle Bauern ihre Äcker und Wiesen kannten, alles in sorgfältigen Verhandlungsprotokollen festgehalten. Damit konnten nun katastergestützte Grundbücher angelegt werden, für jedes Dorf mit seiner Gemarkung in der Regel eines. Allerdings wurde von Hannover von Anfang an Wert darauf gelegt, dass die Dörfer mit ihren nun neu bestimmten Gemeindeflächen nicht zu klein wurden. Als Preußen das Königreich Hannover im Jahre 1867 „schluckte", wurde diese Ansage nachdrücklicher. Dies bewirkte, dass in den 1860er und 1870er Jahren Vaensen und Buensen zu Buchholz, Dangersen zu Dibbersen und Meilsen zu Steinbeck kamen. Das kann man durchaus als eine erste kleine Gebietsreform auf nicht ganz freiwilliger Basis bezeichnen.

Und die Heide? Die Heidschnuckenwirtschaft hatte es nun immer schwerer, einigermaßen rentabel zu arbeiten. Durch die Aufteilung der Heideareale auf verschiedene Gemeinden und darin auf verschiedene Grundeigentümer wurde der Schaftrieb stark behindert. Durch den Import von Naturdünger (z. B. Guano) und die Entwicklung von Kunstdünger konnten immer mehr Heideflächen mit geringer Fruchtbarkeit unter den Pflug genommen werden. Hinzu kam, dass seit den 1880er Jahren billige Wolle vor allem aus Australien und Neuseeland importiert wurde. Die Zahl der Heidschnuckenherden nahm in der Folge rapide ab.

Als die Heide vor dem Ersten Weltkrieg zum Renner im Wochenendtourismus wurde (vgl. Kapitel 2), war sie bereits auf dem absteigenden Ast. Kiefern und Birken flogen vielerorts an, ohne dass Heidschnucken sie gleich verbeißen konnten. Der heutige Verein Naturschutzpark mit seinem Sitz in Niederhaverbeck wurde 1909 gegründet mit unter anderem dem Ziel, das Verschwinden der Heide aufzuhalten. Zuerst merkten nur wenige, dass die Heide in Gefahr war. Denn es geschah ja nicht von heute auf morgen. Die Heide blieb zuerst einmal auch dort attraktiv, wo langsam Büsche hochwuchsen. Allerdings: Wo sie parzelliert und damit nicht mehr geplaggt wurde, war sie nach 20 oder 30 Jahren nicht mehr zu finden.

Weitere Reformen auf Gemeindeebene in Hannover und Preußen

1859 verabschiedete das Königreich Hannover das „Gesetz die Landgemeinden betreffend", in den Gemeinden auch „Landgemeindeordnung" genannt. Nach dem Revolutionsjahr 1848 und den damals getroffenen Zusagen und Vereinbarungen kam der König zum einen nicht umhin, dass Kommunalwahlrecht zumindest ein wenig zu liberalisieren. Es erinnerte allerdings immer noch stark an das preußische Dreiklassenwahlrecht. Zum anderen wurde nun eine „Gemeindeversammlung" eingeführt, die den Gemeindevorsteher zu wählen und auch einiges zu beschließen hatte. Viele Aufgaben erledigte der Gemeindevorsteher jedoch quasi im Auftrag des Königs und wurde dabei vom Landrat bzw. Regierungspräsidenten kontrolliert, die beide vom König eingesetzt wurden. Heute entspricht dies dem übertragenen Wirkungskreis der Gemeindeverwaltungen.

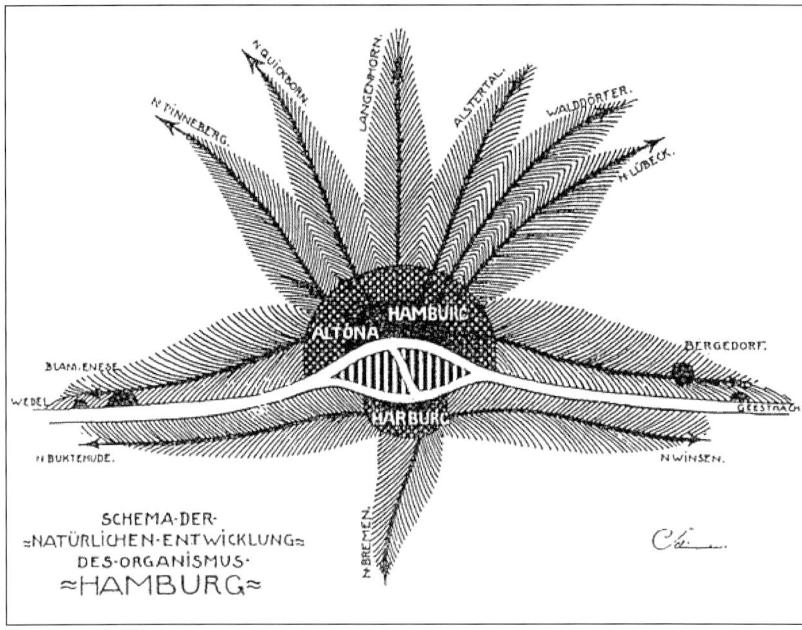

Dies Entwicklungsschema für Hamburg und seine Umgebung entwarf der Hamburger Oberbaudirektor Fritz Schumacher in den 1920er Jahren. Es wurde als „Achsenmodell" später in Fachkreisen berühmt. Auch eine Achse Richtung Buchholz und Tostedt ist enthalten!

Als Hannover 1867 auf einmal preußische Provinz war, wurden die Rechte der Gemeindeversammlung deutlich beschnitten. Auch der Gemeindevorsteher war nun dem Landrat direkt untergeordnet. In der Kreisordnung von 1884 hieß es unter anderem, der Gemeindevorsteher sei „ … die Obrigkeit des Gemeindebezirks und Organ des Landrats für die Polizeiverwaltung. Der Gemeindevorsteher hat … das Recht und die Pflicht, da, wo die Erhaltung der öffentlichen Ruhe, Ordnung und Sicherheit ein sofortiges polizeiliches Einschreiten notwendig macht, das dazu Erforderliche vorläufig anordnen und ausführen zu lassen." Hier zeigte sich ein Stück preußischen Staatsverständnisses mit unverändert absolutistischer Grundlage, unter anderem vor dem Hintergrund der gerade sechs Jahre vorher verabschiedeten Sozialistengesetze mit dem Verbot der SPD. Und hier zeigte sich auch der wahre Grund dafür, dass Preußen zu kleine Gemeinden nicht gern sah. Sie wären von solchen Aufgaben vielfach überfordert gewesen. Wenn es allerdings auf Gemeindeebene um den Wegebau, die „Armenpflege" oder das Friedhofswesen ging, blieb es bei den Zuständigkeiten der Gemeindeversammlung.

1919 wurde den Gemeinden erstmals uneingeschränkt das Recht der Selbstverwaltung „innerhalb der Schranken der Gesetze" zugestanden, was sogar in Artikel 127 der Weimarer Verfassung abgesichert wurde. Über Verwaltungs- und Gebietsreformen dachte zu dieser Zeit kaum jemand nach, obwohl sich erste Notwendigkeiten bereits zeigten. So bildeten im Jahre 1920 Berlin sowie sieben weitere Städte, 59 Landgemeinden und 27 Gutsbezirke die damals neu entstehene Stadtgemeinde Groß-Berlin, weil die Siedlungsentwicklung überall chaotisch über Gemeindegrenzen hinweg ging und nur so gesteuert werden konnte. Und auch in Hamburg dachte u. a. Oberbaudirektor Fritz Schumacher über Groß-Hamburg nach. Vorläufig geschah dies allerdings ohne Folgen, da anders als in Berlin an der Hamburger Stadtgrenze gleich auch ein anderer Staat, nämlich Preußen angrenzte.

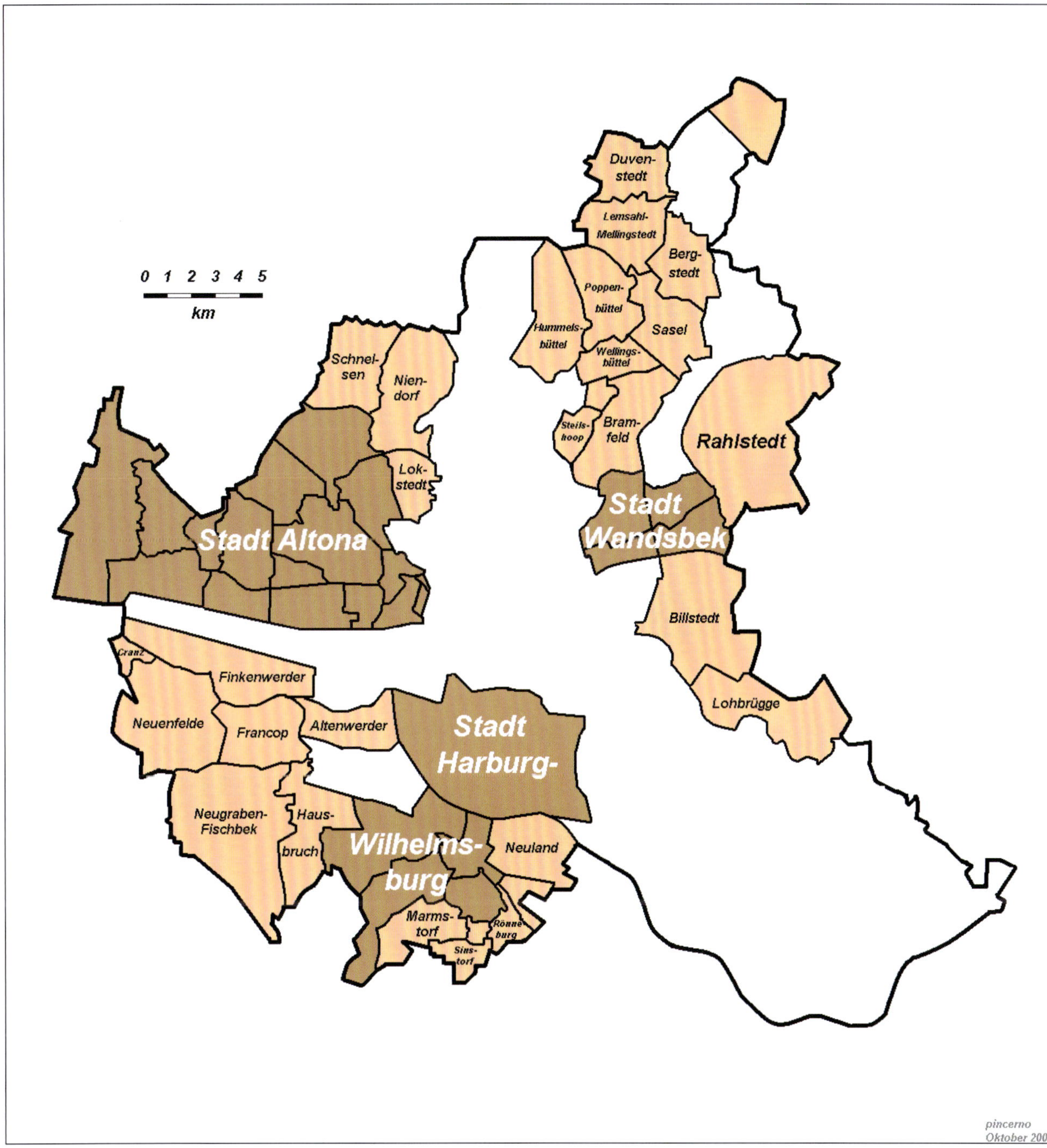

Mit dem Groß-Hamburg-Gesetz des Jahres 1937 erhielt Hamburg die Grenzen, die auch heute noch gültig sind. Es wurden übrigens nicht nur preußische Gemeinden an Hamburg abgegeben. Einige Hamburger Städte und Gemeinden gingen auch ungekehrt an Preußen, nämlich Cuxhaven, Geesthacht und Großhansdorf. Nur die 1937 an Preußen abgetretene Insel Neuwerk gehört mittlerweile wieder zu Hamburg.

Die Nazis machen mit den Gemeinden kurzen Prozess

Die Gleichschaltung der Städte und Gemeinden war Hitler besonders wichtig. Die Gemeinderäte wurden per Verordnung bereits zum 8. Februar 1933 aufgelöst, also genau 10 Tage nach der Machtergreifung. Neuwahlen, die man nun schon nicht mehr als demokratisch bezeichnen konnte, wurden für den 5. März 1933 angesetzt. Fast überall wurden nun nationalsozialistische Gemeindevorsteher oder ihnen nahestehende Personen gewählt. Ab dem 27. März 1933 bedurften die „gewählten" Gemeindevorsteher der Zustimmung des Landrates, seit Dezember 1933 auch nur „nach Fühlungnahme mit dem Gauleiter". Im nun verabschiedeten Preußischen Gemeindeverfassungsgesetz wurde das „Führerprinzip" festgeschrieben. Der Gemeindevorsteher galt als „Leiter" der Gemeinde, dem der Gemeinderat ausschließlich beratend zur Seite zu stehen hatte. In Städten hieß der Gemeindeleiter nun „Bürgermeister", in den Landgemeinden „Gemeindeschulze" und in Bauerndörfern „Dorfschulze". So war der Titel von Rudolf Meyer, der 1935 „Leiter" der Gemeinde Buchholz wurde, denn auch für kurze Zeit „Gemeindeschulze". Mit der wenig später verabschiedeten Deutschen Gemeindeordnung von 1935 erhielt er dann den Titel „Bürgermeister".

Auch beim Thema „Groß-Hamburg" ging jetzt alles sehr schnell. Hermann Göring hatte als preußischer Ministerpräsident wenig Lust, sich lange mit Kleinigkeiten zu beschäftigen. Schließlich war er – um nur die wichtigsten Funktionen zu nennen – auch Reichstagspräsident, weiterhin der für die Luftwaffe zuständige Reichsminister und nicht zuletzt der Beauftragte für die Umsetzung des Vierjahresplans, der ganz gezielt der Vorbereitung des Angriffskrieges auf Polen diente, womit letztlich der Zweite Weltkrieg ausgelöst wurde. Der Hamburger Gauleiter und Reichsstatthalter Karl Kaufmann arbeitete eng mit Göring zusammen, gerade auch bei der Umsetzung des Vierjahresplans. Da bedurfte es vermutlich keiner großen Überzeugungskraft, Göring die Zustimmung zum „Groß-Hamburg-Gesetz" abzuringen. Im Jahre 1937 wurden die Städte Altona, Harburg-Wilhelmsburg und Wandsbek sowie zahlreiche Landgemeinden zu Hamburg geschlagen. Der Kreis Harburg verfügte zwar schon seit 1885 über einen Kreissitz, der nicht im eigenen Kreisgebiet lag. Nun aber lag er sogar im Nachbarland. Im Kapitel 5 ist darauf noch zurückzukommen.

Die Briten trauen den Deutschen auch in der Kommunalpolitik nicht über den Weg

Die Besatzungsmächte waren nach dem Zweiten Weltkrieg eigentlich gemeinsam für die Kontrolle der Deutschen und ihrer Institutionen zuständig. Sehr bald zeigte sich aber ein weitgehend unabgestimmtes Vorgehen. Das betraf auch den Wiederaufbau der Verwaltungsarbeit auf kommunaler Ebene. Nach Auffassung der Briten hatte sich das deutsche und vor allem preußische System der Gemeindevorsteher bzw. Bürgermeister ganz offensichtlich nicht bewährt, da es das Durchregieren der Nationalsozialisten nicht verhindert habe. Das englisch-walisische System der Doppelspitze aus einem gewählten ehrenamtlichen Ratsvorsitzenden (Mayor) und einem Verwaltungschef (Town Clerk) wäre deshalb das einzig richtige. Es wurde in Niedersachsen eingeführt und hatte bis in die 1990er Jahre Bestand.

Die Briten sahen sich in ihrem Misstrauen gegenüber der deutschen Verwaltung durch Zeitungsmeldungen bestätigt, wonach es weit abgelegen in der Lüneburger Heide, sozusagen „hinter den blauen Bergen", noch ein preußisches Standesamt geben sollte, obwohl Preußen doch sein Dasein mit der Kapitulation im Mai 1945, spätestens jedoch per Kontrollratsgesetz vom 25. Februar 1947 beendet hätte. Und in der Tat – es handelte sich um das Standesamt in Trelde. Das Wort „Preussisches" wurde 1945 zwar übermalt. Die Farbe hielt jedoch nicht gut, so dass nach eini-

Als das Innenministerium dies Schild konfiszieren wollte, war es im entscheidenden Moment einfach nicht zu finden. Es hängt nun im Heimatmuseum „Vierdörfer Dönz" in Sprötze.

gen Monaten und bei richtiger Beleuchtung wieder das „Preussische Standesamt" zum Vorschein kam. Schleunigst wurde ein neues Schild angeschafft, auf dem der preußische Adler durch das Niedersachsenpferd ersetzt war.

Wie kam es dazu, dass es in Trelde ein Standesamt gab und zwar von 1874 bis 1972? Tatsächlich wurden erst 1874 Personenstandsbücher in Preußen und 1876 im gesamten Deutschen Reich eingeführt. Davor gab es nur die Kirchenbücher. Sie wurden zwar sorgfältig geführt. Aber immer dann, wenn in einer Gemeinde mehr als eine Konfession vertreten war, wurde es schnell unübersichtlich. Ab 1874 mussten nun die Gemeinden Standesämter einrichten. Trelde war besonders schnell. In Seppensen dauerte es bis1881, in Buchholz sogar bis 1887. Und: Der Gemeinderat durfte das Amt des Standesbeamten, das dem Bürgermeister zustand, auch an andere Gemeindevertreter übertragen. So kam es, dass dieses Amt in Trelde von 1874 bis 1970 vom Vater auf den Sohn „vererbt" über vier Generationen immer wieder in der Familie Wentzien blieb und auch in deren Gasthof „Vessens Hoff" ausgeübt wurde. Erst 1970 ging das Amt an Adele Bartels, die es jedoch nur zwei Jahre innehatte. Denn mit der Verwaltungsreform von 1972 wanderten die Standesämter unwiderruflich in die Gemeindeverwaltungen.

Das britische Prinzip der Doppelspitze auf kommunaler Ebene – entsprechend dem britischen Besatzungsgebiet auch in Schleswig-Holstein und Nordrhein-Westfalen eingeführt – bewirkte, wie beabsichtigt, Gewaltenteilung. Aber es entstanden auch viele ungeklärte Situationen. Je größer die Stadt, desto unhaltbarer war die Ehrenamtlichkeit des gewählten (Ober-)Bürgermeisters, dessen Aufgaben fast zwangsläufig zu einem Vollzeitjob führten. Auch die ursprüngliche Regel, dass der Bürgermeister immer nur für ein Jahr zu wählen war, überlebte sich schnell und wurde in den 1950er Jahren der Ratsperiode angepasst. Erst Ende der 1990er Jahre wurde die Doppelspitze, fast gleichzeitig mit Nordrhein-Westfalen, abgeschafft. Seitdem war in Niedersachsen der gewählte Bürgermeister zugleich auch Chef der Verwaltung, wie dies in Süd- und Südwestdeutschland schon seit den 1940er Jahren der Fall war.

Nur Schleswig-Holstein blieb bisher unbeugsam bei der Doppelspitze in den Gemeinden. Allerdings ist es in diesem Bundesland so, dass der Titel „Bürgermeister" dem Chef der Verwaltung zusteht (sehr häufig „Chefinnen"). Die Aufgabe des Ratsvorsitzes – in Schleswig-Holstein: Vorsitz in der Gemeinde- bzw. Stadtverordnetenversammlung – liegt dagegen bei der „Bürgervorsteherin" oder dem „Bürgervorsteher". Städte mit mehr als 20 000 Einwohnern können dem Bürgervorsteher den Titel „Stadtpräsident" oder „Stadtpräsidentin" zukommen lassen. Diesen stattlichen Titel gibt es wirklich nur in Schleswig-Holstein.

4 - Kommunalverwaltung wird immer komplizierter und spezialisierter

Seit 1926 hat Buchholz ein Verwaltungsgebäude

Nach Ende des Zweiten Weltkriegs standen die Landgemeinden vor einem Problem, was die Verwaltungsarbeit betrifft: Bisher war diese vom ehrenamtlichen Bürgermeister „erledigt“ worden. Wo der Bürgermeister wohnte, war auch die Verwaltung untergebracht. Nun aber zeigte sich, dass sich in fast allen Orten der Nordheide die Bevölkerungszahl durch Vertriebene, Flüchtlinge und ausgebombte Butenhamburger verdoppelt hatte. Die Arbeit, die auf Bürgermeister und Gemeinderäte zukam, war gewaltig gewachsen. Und doch lief fast alles weiterhin ehrenamtlich. Insbesondere die kleinen, noch vollkommen dörflich geprägten Gemeinden hatten einfach nicht das Geld, um die Verwaltungsarbeit auch nur im Ansatz zu professionalisieren. Allenfalls erste Halbtagsstellen wurden geschaffen, um dem anschwellenden Papierkrieg gewachsen zu sein.

Nur in Buchholz gab es schon eigene Räume der Gemeindeverwaltung, die vielleicht auch schon den Namen „Rathaus“ trugen. Im Stadtarchiv ist dazu allerdings nichts aufzuspüren. Denn die Buchholzer Gemeindeakten der Zeit vom Februar 1933 bis zum April 1945 sind wenige Tage vor dem Einmarsch der Briten – wie in vielen anderen Orten auch – verbrannt worden. Buchholz verstand sich, zumindest in den ersten NS-Jahren, mehrheitlich als Speerspitze des Nationalsozialismus in der Nordheide.In den Akten der Gemeinde Buchholz wäre wohl bei weitem zu viel Kompromittierendes zu finden gewesen.

Das alte Rathaus im Winter auf einem Bild aus 1979 oder 1980

Nur im Buchholzer Gebäudebuch, das bis 1955 geführt wurde und heute im niedersächsischen Landesarchiv verwahrt wird, ist etwas zu finden. Bis 1926 gehörte das Gebäude in der Breiten Straße 10, also das spätere „Alte Rathaus“ am Standort der heutigen Empore, noch dem Zimmermann Hans Christoph Wilhelm Heins. Er hatte es fünf Jahre zuvor vom Viehhändler Karl Bartens gekauft. Da Bartens als erster Eigentümer genannt wird, ist wahrscheinlich er der Bauherr des Gebäudes, das – dem Baustil nach zu urteilen – nur wenige Jahre vor dem Ersten Weltkrieg gebaut wurde. Ab 1926 war im Buchholzer Gebäudebuch als Eigentümerin des Gebäudes Breite Straße 10 die „politische Gemeinde“ Buchholz registriert. Es kann davon ausgegangen werden, dass die Gemeinde das Haus gekauft hatte, um neben einem Büro für den Gemeindevorsteher festangestellte Mitarbeiterinnen und Mitarbeiter unterzubringen.

Im Sommer 1921 wurde in Alt-Buchholz die erste Bürokraft eingestellt. Bis dahin war auch hier der Gemeindevorsteher seine eigene Bürokraft, in diesem Falle Wilhelm Meister, der den neuen Komfort im September 1921 an den neugewählten Gemeindevorsteher Hermann Burgdorf weitergeben konnte. Buchholz hatte im Oktober 1919 immerhin 1852 Einwohner, eine Zahl, die bis 1939 auf 3209 anwuchs (vgl. Kapitel 2). Bekannt ist nur, dass im Jahre 1936 neben dem mittlerweile so genannten Bürgermeister fünf Angestellte und zwei Arbeiter tätig waren. 1939 waren es schon sieben Angestellte und vier Arbeiter. Auch die Mitarbeiter, die später die „Gemeindewerke“ bildeten, waren dabei mitgezählt.

Bis 1950 muss besonders viel improvisiert werden

Nach dem Krieg hatte die Verwaltung der Gemeinde Buchholz zuerst einmal das Gebäude keineswegs für sich allein. Auch die Buchholzer Polizeidienststelle und die Verwaltung der organisatorisch bald ausgegliederten Gemeindewerke mussten untergebracht werden. Im Dachgeschoss wurden sogar noch zwei Wohnungen vermietet, eine davon an den Hausmeister. Am Tag der Währungsreform 1948 arbeiteten immerhin schon 16 Angestellte und sechs Arbeiter bei ca. 6500 Einwohnern im alten Rathaus. In den umgebenden Landgemeinden gab es zu dieser Zeit mit Sicherheit nicht mehr als vielleicht schon die eine oder andere für wenige Stunden festangestellte Kraft. Genaueres ist in den Archiven nicht mehr zu finden.

Die Wohnungsnot stand in diesen Jahren in der Verwaltung an der Spitze der Tagesordnung, ob in Buchholz, in Seppensen oder in Dibbersen. Die Aufnahme von aus Hamburg Evakuierten begann schon 1941. Zuerst wurde man damit noch relativ leicht fertig, da unbewohnte Wochenendhäuser beschlagnahmt werden konnten. In der letzten Phase des Zweiten Weltkriegs drohte jedoch das Chaos. Anfang 1945 kamen die ersten großen Flüchtlingstrecks aus dem Osten an. Zuerst gab man etwas zu essen und zu trinken, ließ die Flüchtlinge im Stroh übernachten und schickte sie weiter. Spätestens aber, als die Trecks im April 1945 ins Stocken gerieten, mussten sie irgendwie und irgendwo untergebracht werden. Es dauerte nicht lange, und der Begriff „Wohnraumbewirtschaftung“ war geboren. Erst Ende der 1950er Jahre konnte sie wieder abgeschafft werden.

Wohnraum- und Lebensmittelbewirtschaftung

In den ersten Wochen nach Kriegsende hieß es in vielen Gemeinden: „Je Familie ein Zimmer“, wobei noch nicht einmal auf die Größe der Familie geachtet wurde. Dann aber bekamen größere Familien zwei Zimmer, Küchen wurden nicht gerechnet. Wer wann kochen durfte, mussten die Hausbewohner untereinander regeln. Mehr Spielraum für Großzügigkeit bestand einfach nicht. So einfach es jedoch klang, steckte darin doch sehr viel Verwaltungsaufwand. Welcher Raum galt als Zimmer, welcher nur als halbes? Was passierte, wenn ein Kind geboren wurde, wenn jemand starb oder wegzog? Wenn Kriegsgefangene oder verschollene Familienmitglieder auf einmal wieder auftauchten? Oder wenn sich herausstellte, dass ein Raum absolut unbewohnbar war? Anträge, Begehungen, Verhandlungen wechselten sich ab. Irgendwie hatten dann doch alle ein Dach über

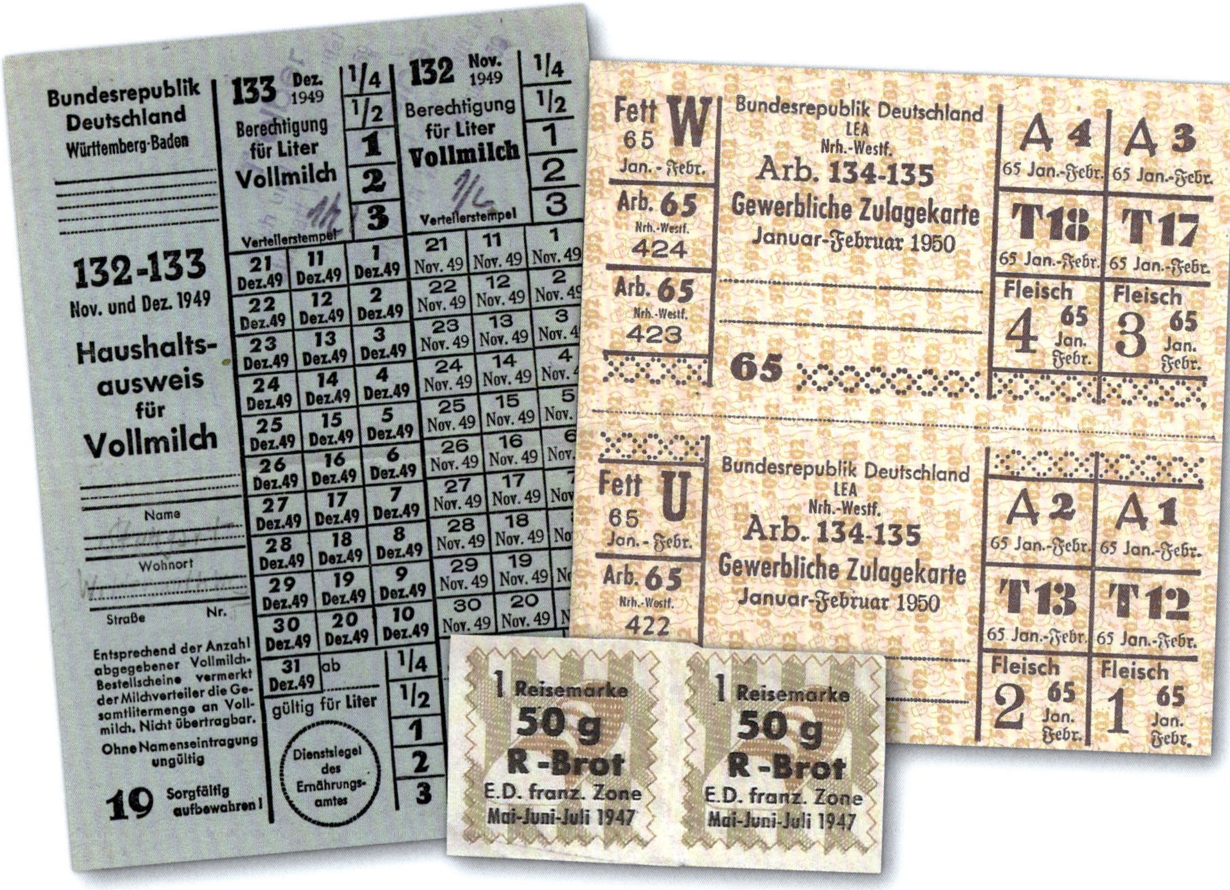

Jede Besatzungszone hatte ihre eigenen Lebensmittelkarten. Hauptsache, die damals damit Befassten wussten, was gemeint war.

dem Kopf, nicht selten aber mit viel Ärger und bösem Blut.

Genauso lebensnotwendig war die „Lebensmittelbewirtschaftung“. Der Begriff war zwar nicht mehr neu. Die Nationalsozialisten führten ihn zu Beginn des Zweiten Weltkriegs ein. Bis kurz vor Kriegsende wurden auch noch normalerweise alle einigermaßen satt. Dann aber kam die Verwaltung des extremen Mangels. Die drei Kategorien „Vollselbstversorger“ (vor allem Bauern), „Teilselbstversorger“ (z. B. Haushalte mit größeren Gärten) und „Normalverbraucher“ blieben zwar erhalten. Das, was einem „auf (Lebensmittel-)Karte“ zustand, wurde jedoch weniger. In der NS-Zeit lag die Tagesration, die dem Einzelnen zustand, bei 2000 Kcal. Bei den Briten wurde sie auf 1500 Kcal reduziert, wovon allerdings, beispielsweise im Juni 1945, gerade einmal durchschnittlich 1150 Kcal pro Tag und Person bei der Bevölkerung ankamen.

Es gab Milchkarten, Brotkarten, Mehlkarten, Zuckerkarten, Eierkarten, Fettkarten, Fleischkarten, Salzkarten, Kartoffelkarten, Kaffeekarten (natürlich nur „Ersatzkaffee“) und vieles andere Mehr. Für jede Familie war registriert, wie viele Karten sie von welcher Sorte in welcher „Zuteilungsperiode“ erhielt. Das richtete sich nach der Zahl der Familienmitglieder, wobei Babys, Kinder und Erwachsene verschieden gezählt wurden. Natürlich war die Einteilung als Normalverbraucher, Teilselbstversorger und Selbstversorger ganz wichtig. Schwangere bekamen mehr, genauso Leute, die schwerkrank waren oder die hart arbeiten mussten. Diese erhielten eine „Schwerarbeiterzulage“, die wiederum nach Härte der Arbeit in fünf Stufen unterteilt war. Das Ganze war mit einer unendlichen Bürokratie verbunden. Die Bewirtschaftung wurde erst 1950 vollständig abgeschafft. Am 1. Mai 1950 war auch mit den letzten verbliebenen Karten – es waren die Zuckerkarten – Schluss.

Bundestag und Landtag beschließen immer mehr Gesetze, die Gemeinden haben immer mehr zu tun

Im Herbst 1949 nahm der Deutsche Bundestag seine Arbeit auf. Sofort begann die Vorbereitung des Lastenausgleichsgesetzes. Sein Vorläufer war das noch von den Besatzungsmächten im August 1949 erlassene Soforthilfegesetz. Es bot Personen, die durch die Kriegsereignisse in besondere Not geraten waren, die Möglichkeit, Anträge auf Unterhaltshilfe und/oder Hausrathilfe zu stellen und zwar bei den Gemeinden. Allein in Buchholz liefen in den ersten sieben Monaten seit dem Inkrafttreten des Soforthilfegesetzes fast 1100 Anträge auf. Die Entscheidung fiel dann zwar beim Kreis, die meiste zusätzliche Arbeit musste aber bei den Gemeinden geleistet werden.

Es verging kein Monat, in dem sich nicht neue Aufgaben türmten. Im Jahre 1955 beispielsweise kam die Wehrerfassung zu den Gemeindeaufgaben hinzu. Als Buchholz 1958 die Stadtrechte erhielt, wurde es dafür zuständig, gebührenpflichtige Verwarnungen auszusprechen und zu kassieren, z. B. bei Verstößen gegen Meldevorschriften, bei Ruhestörungen, beim wilden Müllentsorgen oder auch dann, wenn in Geschäften Preise nicht richtig angegeben wurden. Wenn es allerdings um Verstöße gegen die Straßenverkehrsordnung ging, blieb die Polizei zuständig.

Dies sind nur ganz wenige Beispiele dafür, dass in Bonn oder Hannover Gesetze und Verordnungen erlassen wurden, deren Umsetzung mit viel Mehrarbeit in den Gemeinden verbunden war. Und natürlich standen die Gemeinden bzw. ihre kommunalen Spitzenverbände in Hannover auf der Matte, um finanziell entlastet zu werden. Dafür bot sich der kommunale Finanzausgleich an, den die Landesregierung nach der Währungsreform und nach den in Bonn beschlossenen zahlreichen neuen Steuergesetzen regeln musste. Dabei ging es sowohl um die Finanzausstattung zwischen Gemeinden, Kreisen und Land („vertikaler Finanzausgleich“) als auch zwischen armen und reichen Kommunen („horizontaler Finanzausgleich“).

Damit kamen die Gemeinden allerdings nur sehr begrenzt auf ihre wachsenden Kosten. Die Kreise und auch das Land hatten die gleichen Probleme. Es war einfach viel mehr zu tun, als mit dem gesamten Steueraufkommen zu finanzieren war. Eigentlich hätten die gerade erst festgesetzten Steuern angehoben werden müssen. Das wollte aber niemand. Also musste noch intensiver, als es ohnehin schon getan wurde, rationalisiert und technisch modernisiert werden. Ernst Jülicher, Buchholzer Gemeindedirektor von 1949 bis 1956, lobte in seinem letzten Amtsjahr die Einrichtung einer „modernen geordneten Registratur“ und eines „neuzeitlichen Einwohnermeldeamts mit gut ausgerichteten Wahlkarteikarten“. Aber auch das musste erst einmal beschafft und bezahlt werden.

Und überhaupt: Die Haushaltspläne! Vor allem kleine Gemeinden waren davon häufig völlig überfordert. Die Bürgermeister waren in der Regel (an-)gelernte Landwirte, die mit ihrem eigenen Betrieb genug zu tun hatten. Die kameralistische Buchführung der öffentlichen Hand war etwas völlig anderes und wurde in Niedersachsen seit 1946 mit einer Fülle von Verordnungen und Runderlassen unterfüttert. Da kam es häufig vor, dass der Landkreis helfen musste.

Die Debatte um ein neues Rathaus beginnt

In den 1950er Jahren wurde es im Rathaus zwangsläufig immer enger. Im Januar 1959 widmete das „Hamburger Echo“ einen Bericht den „unhaltbaren Zuständen“ im Buchholzer Rathaus: Die drangvol-

Links findet sich auf diesem Bild von 1960 noch einmal das alte Rathaus und rechts die Feuerwache mit Spritzenhaus und Schlauchturm. Im Jahre 1926 dürften die Gebäude nicht viel anders ausgesehen haben.

le Enge sei im Publikumsverkehr unzumutbar! Bis zu vier Bedienstete würden in einem Raum arbeiten. Wenn Besucher kämen, sei Vertraulichkeit nicht mehr zu gewährleisten. Der immer noch zögernde Gemeinderat stellte schließlich erst Ende 1959 – in einem Nachtragshaushalt! – tatsächlich 350 000 DM zur Verfügung. Es dauerte bis zum Oktober 1960, bis ein Ratsbeschluss über das neue Gebäude zustande kam. Es sollte dort errichtet werden, wo bisher das alte Spritzenhaus der Buchholzer Feuerwehr stand. Zwischen altem Rathaus und neuem Verwaltungsgebäude sollte es einen verbindenden Zwischenbau geben.

Im November 1961 wurde dieser Beschluss wieder gekippt. Der Rathausanbau wurde zurückgestellt. Vielmehr sollte in der Schützenstraße ein Verwaltungsgebäude für die Stadtwerke gebaut werden. Dies war ohnehin dringend erforderlich und entlastete auch direkt das Rathaus, da die Stadtwerkeverwaltung bisher dort untergebracht war. Zudem wollte man das neue Stadtwerkegebäude so groß konzipieren, dass dort, zumindest für einige Zeit, im Bedarfsfall auch ein Teil der Stadtverwaltung untergebracht werden konnte. Man rang sich also zur kleinstmöglichen Lösung durch, die dann auch zügig verwirklicht

1963 wurde das Verwaltungsgebäude der Stadtwerke in der Schützenstraße 17 fertig. Das Bild stammt von 1964. Hier zog unter anderem auch das Stadtbauamt ein.

So sieht das alte Stadtwerkegebäude heute aus. Es wird mittlerweile vollständig von der Polizei genutzt.

wurde. Am 18. November 1963 wurde das Stadtwerkehaus eröffnet.

Währenddessen wuchs Buchholz unaufhörlich. Schon 1962 musste das „Dr.-Lübke-Haus" (Am Langen Sal) hinzugemietet werden. Nun begann ein ziemlich chaotisches Hin und Her. Im Dezember 1962 zog das Stadtbauamt ins Lübke-Haus. Im Dezember 1963 ging dann die Bauverwaltung ins Stadtwerke-Haus, während das Ordnungsamt in das Lübke-Haus nachrückte. Schon 1966 wurde das Gebäude der bisherigen Heideapotheke in der Kirchenstr. 12 – heute Standesamt – als neues Verwaltungsgebäude eingerichtet, wo unter anderem nun das Ordnungsamt und die Kämmerei einzogen. Bald wurde auch die erste Etage in der Breiten Str. 15 angemietet (heute die Etage über Fielmann), wo für einige Jahre das Hauptamt unterkam.

Die Ansprüche an die Verwaltung wachsen

In den kleineren Gemeinden gab es in den 1950er Jahren in der Regel weder eine zentrale Wasserversorgung noch Kanalisation oder eine geregelte Müllentsorgung. Brunnen, Sickergruben und kleine Müllkippen waren der Stand der Technik. Ausgebaute Straßen oder sogar Straßenbeleuchtung waren Einzelfälle. 1954 und 1955 wurde in Buchholz mit der Neuen Straße die erste Straße so ausgebaut, dass anschließend Anliegerbeiträge zu zahlen waren. Das hatte es in Buchholz bisher noch nicht gegeben. Entsprechend musste sich die Verwaltung in dieses Thema erst einmal einarbeiten. Und von jetzt an durfte auch in keinem Fall einer Straßenausbaumaßnahme mehr darauf verzichtet werden.

Die Bauverwaltung wuchs also besonders schnell. Bald hieß sie „Bau- und Planungsamt". Für Baugenehmigungen blieb zwar vorläufig noch der Kreis zuständig. So war 1960 Richtfest für den großen Saal im Gasthaus Cohrs („nichts seinesgleichen im Landkreis"). 1964 wurde das erste viergeschossige Wohn- und Geschäftshaus gebaut, dass im Übrigen mit einem Fahrstuhl ausgestattet war! Ab 1968 war dann Buchholz für Baugenehmigungsverfahren zuständig. Und natürlich wurden auch diese immer aufwändiger.

Auch bei den Straßen tat sich einiges. Noch Mitte der 1950er Jahre waren die Bremer Straße, der Sprötzer Weg, die Straße nach Bendestorf durch den Klecker Wald und die Straße zwischen Vaensen und Eckel in Teilen Fahrwege, auf denen man sich bei schlechtem Wetter festfahren konnte. 10 Jahre später waren sie alle asphaltiert. 1968 wurde in Buchholz die erste Kreuzungsampel installiert, natürlich an der Kreuzung Hamburger Straße, Schützenstraße und Bendestorfer Straße. Auch die ersten Parkuhren wurden 1968 in der Poststraße aufgestellt. Und auch im Netz der Nebenstraßen und -wege wuchsen langsam die Ansprüche, zumindest außerhalb der großflächigen Waldwohngebiete. So waren 1962 z. B. Heidekamp, Suerhoper Straße und Lohbergenstraße noch unbefestigt. Also: Viel Arbeit für das Bau- und Planungsamt. 1968 wurden zudem noch Teile der Bauaufsicht („kleine Bauaufsicht") vom Kreis auf die Stadt Buchholz übertragen.

In den 1960er Jahren kamen viele weitere Aufgaben hinzu, die in kleinen Gemeinden wie Fremdworte wirkten, in Buchholz jedoch schon intensiv diskutiert wurden. Kindergärten wurden gefordert – Buchholz hatte noch 1967 gerade einen einzigen, von Horten oder Krippen ganz zu schweigen. Ein Jugendzentrum und eigene Senioreneinrichtungen standen zur Debatte. Die Buchholzer Stadtbücherei führte immer noch ein Schattendasein. Eine neue Jugendmusikschule wurde als Abteilung eines städtischen Volksbildungswerkes eingerichtet. Menschenunwürdige Obdachlosenunterkünfte mussten ersetzt werden. Erst 1964 wurde in Niedersachsen das neunte Schuljahr eingeführt, was zwar vor allem das Land zu bezahlen hatte, aber auch die Stadt Buchholz zusätzlich belastete. 1972 im März wurde die Stadt Passbehörde.

1960 wurde in Bonn das Bundesbaugesetz verabschiedet. Nun mussten alle Gemeinden Flächen-

Dies ist der neueste Ausbaustand der Kreuzung Hamburger Straße/Schützenstraße/Bendestorferstraße (2021).

So ähnliche Parkuhren wurden 1968 auch in der Poststraße aufgestellt. Auf dem kleinen Bild befindet sich ein Ausschnitt eines Fotos aus der Poststraße, auf dem zufällig eine der Parkuhren zu sehen ist. Im Hintergrund ist das Gebäude Poststraße 3 zu erkennen.

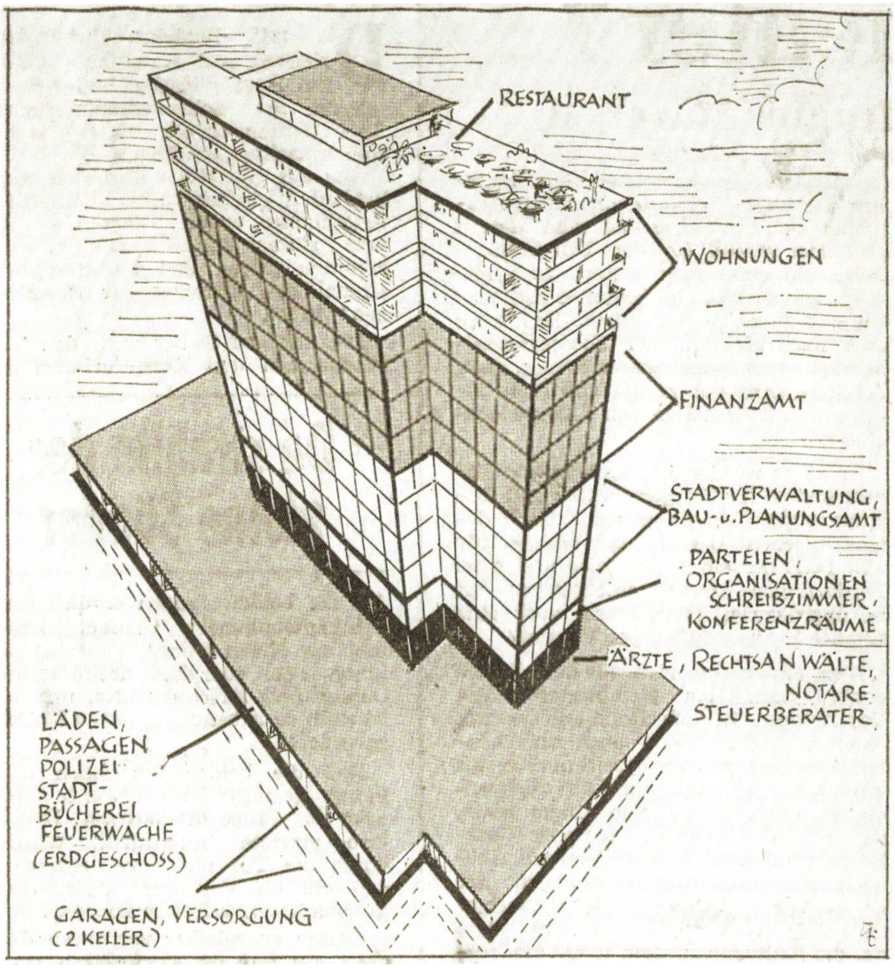

Diese Skizze wurde Ende 1969 nach einem Entwurf von Carl-Günther Jastram von einem Zeichner der Harburger Anzeigen und Nachrichten angefertigt. Das Gebäude sollte auf dem heutigen Rathausplatz stehen.

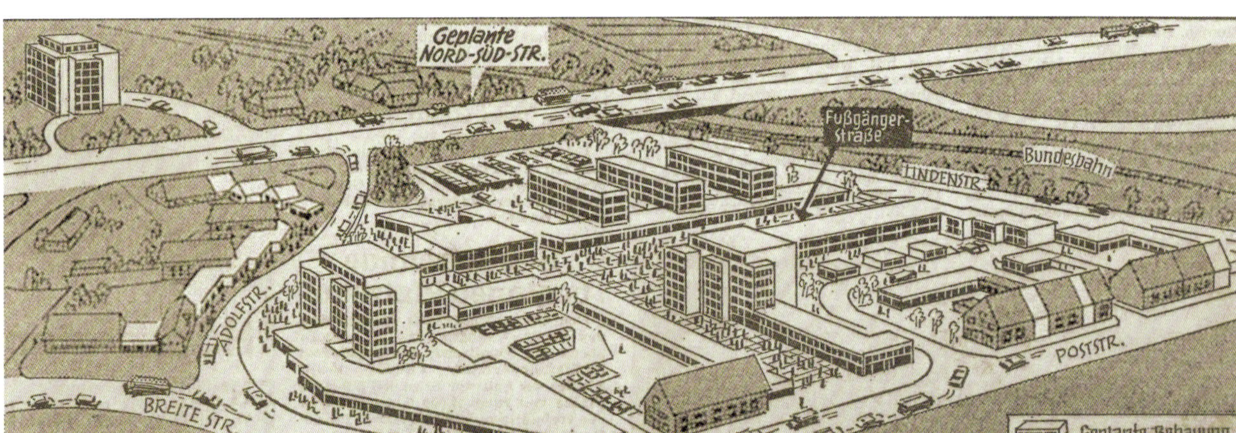

Diese Prinzipskizze stammt von Konstanty Gutschow und sollte das vorsichtige Einfügen des neuen Stadtzentrums in die vorhandene Bebauung illustrieren.

nutzungspläne aufstellen. Bei größeren Bauvorhaben wurden Bebauungspläne erforderlich. Erstmals wurde geregelt, wie Bürgerinnen und Bürger an der Stadt- und Ortsentwicklung mitwirken konnten, nämlich durch das Formulieren von „Bedenken und Anregungen" im Zuge der „öffentlichen Auslegung". Schritt für Schritt sorgten Gerichte dafür, dass die Anforderungen an die öffentliche Auslegung immer ernster genommen wurden. Kleinere Gemeinden behalfen sich damit, dass sie Planungsbüros mit den Planaufstellungen beauftragten. Bei der Stadt Buchholz reichte das nicht. Hier brauchte man einen – und später mehrere – Spezialisten, ein Stadtplanungsamt zeichnete sich ab. Dessen ungeachtet engagierte auch Buchholz seit den 1950er Jahren externe Stadtplaner. Sie hatten die Aufgabe, die städtebauliche Gesamtentwicklung im Auge zu behalten und dabei auch Bebauungspläne zu entwerfen.

Die Rathaus-Debatte setzt sich fort

Der Bau des Stadtwerkegebäudes führte also nur sehr kurzfristig zur Entspannung des Flächenengpasses in der Buchholzer Stadtverwaltung. In der zweiten Hälfte der 1960er Jahre spitzte sich die Debatte um die zukünftige Gestaltung des Buchholzer Ortskerns – „Stadtkern" war zur damaligen Zeit wirklich nicht der richtige Begriff – zu. Es bildeten sich zwei Lager. Das eine, angeführt von Ratsmitglied und Architekt Carl-Günther Jastram, wollte die bisherigen Dimensionen sprengen. Im Dezember 1969 plädierte Jastram für ein 15-geschossiges Gebäude, worin das Rathaus und das Finanzamt den größten Teil der Bürofläche einnehmen sollten. Er prognostizierte, dass Buchholz in 10-20 Jahren auf 60 - 80 000 Einwohner anwachsen würde: „Ein imposantes Ortszentrum ist dabei keine Utopie!"

Das andere Lager wurde von Prof. Konstanty Gutschow angeführt, der bereits seit 1959 die Funktion des von Buchholz beauftragten Stadtplaners einnahm. Er sprach sich für eine moderatere Bauplanung aus. Er wollte die Maßstäblichkeit wahren. „Städtebauliche Dominanten" sah er, wenn überhaupt, nur in Gebäuden mit fünf oder sechs, ausnahmsweise auch einmal acht Stockwerken. Allerdings wollte auch er das ehemalige und immer noch gut sichtbare Buchholzer Dorfzentrum weitgehend überplanen, dachte dabei aber an einen Zeitraum von 30 Jahren.

Am 9. Februar 1970 wurde Bürgermeister Dr. Adolf Matthies in den Harburger Anzeigen und Nachrichten mit der Aussage zitiert: „Der Bau eines Rathauses ist nicht aktuell!" Dies wurde ein Schuss nach hinten. Vier Tage später brachte das Hamburger Abendblatt einen Bericht über die in Buchholz laufende Debatte. Der Aufmacher bestand aus dem Foto eines sehr professionell aussehenden Modells eines Gebäudes mit 23 Etagen, das ohne Auftrag von der Hamburger Baulandfinanz GmbH & Co an die Zeitung gege-

So stellte sich Anfang 1970 ein Vertreter der Hamburger Immobilienwirtschaft das Buchholzer Rathaus vor.

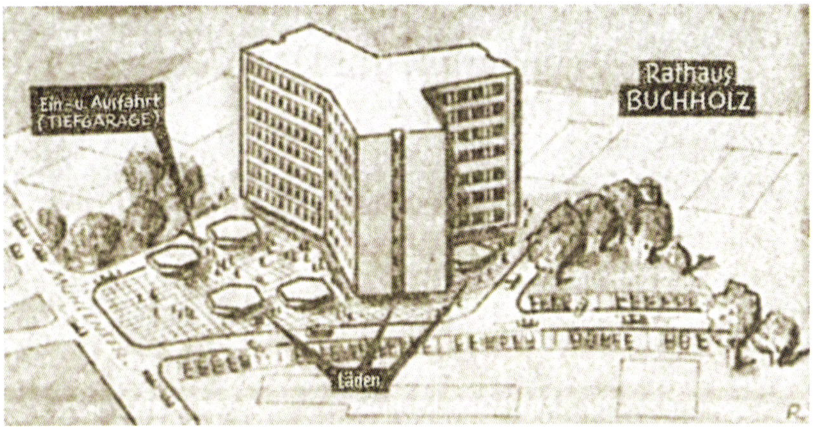

Diese anonyme Skizze eines Rathauses erschien wenig später in den Harburger Anzeigen und Nachrichten.

Der Rathaus-Entwurf von Jürgen Baumbach wurde Ende 1970 gezeichnet. Unten angeschnitten und dick umrandet ist das Gebäude Poststraße 3. Oben ist, ebenfalls dick umgrenzt, Cohrs Hotel zu erkennen.

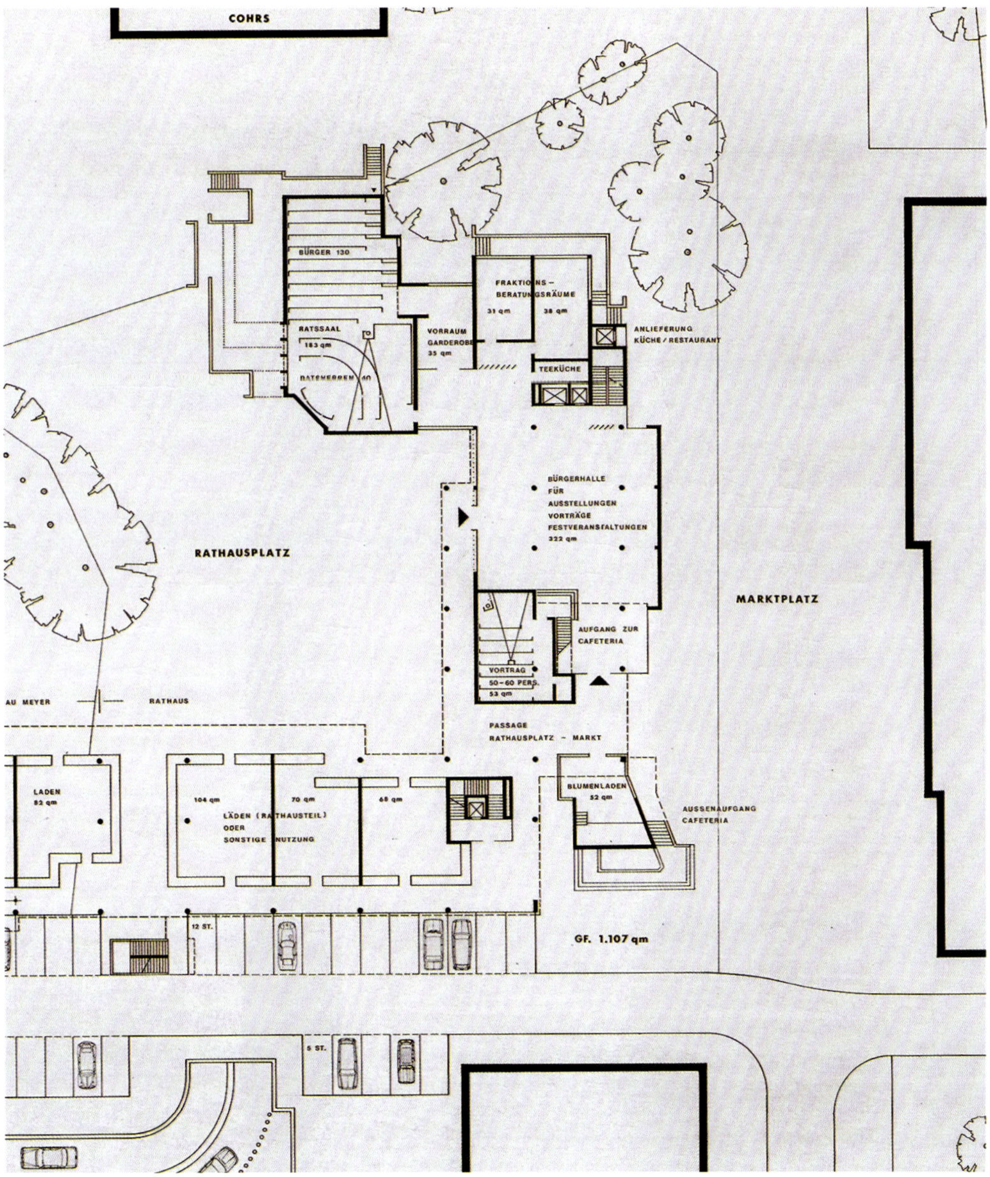

Die alte Mittelschule wurde 1972 zum Verwaltungsgebäude II. Das vom Torbogen aus links liegende Gebäude hatte bis 1953 die Volksschule beherbergt. Danach kam es, wie auch der rechts liegende ältere Teil, zur Mittelschule, die zuletzt schon Realschule hieß.

ben worden war. Dies konnte als Indiz dafür gewertet werden, dass die Hamburger Immobilienbranche in dieser Zeit mit wachsendem Interesse auf Buchholz blickte, wo in der Tat hohe Umsätze realisiert wurden. Etwas später geriet eine anonyme Entwurfsskizze für ein achtgeschossiges Rathaus in die Presse. Sie hätte aus dem Büro von Konstanty Gutschow stammen können. Denn Stil und Schrift ähnelten der Gutschow-Skizze von 1968 sehr (s. o.). Und verglichen mit 23 Stockwerken wirkte dieses Rathaus ausgesprochen zurückhaltend modelliert.

Dies alles musste vor dem Hintergrund gesehen werden, dass der zwischen Buchholz und Konstanty Gutschow geschlossene Stadtplanungsvertrag 1970 auslief. Es hatte während der Laufzeit des Vertrages einige Reibungsverluste gegeben, die allerdings immer wieder bereinigt wurden. Jetzt stand mit dem Büro Jürgen Baumbach eine Alternative zur Debatte. Im November 1970 wurde der neue Stadtplanungsauftrag an Baumbach vergeben. Eine seiner ersten Tätigkeiten drehte sich wiederum um das neue Buchholzer Rathaus. Schon im Dezember 1970 legte Baumbach einen relativ ausgereiften Entwurf vor.

Die Mehrheit im Rat der Stadt Buchholz blieb jedoch dabei, in Anbetracht der anstehenden Gebietsreform den Rathausneubau zurückzustellen. Denn inzwischen plante man das „Verwaltungsgebäude II" in den bisherigen Schulgebäuden an der Kirche, damals Breite Straße 27, später Hamburger Straße 1, heute Rathausplatz 1. Durch den Bau der Realschule (1971) und der Birkenschule (1972) im Schulzentrum I konnten die bisherige Mittelschule und die Sonderschule aufgelöst werden, die sich bis dahin am heutigen Rathausplatz befanden. Das Bau- und Planungsamt und das Hauptamt erhielten hier ihr neues Domizil.

Am 1. Juli 1972 wurden alle Einwohner der zu Buchholz hinzukommenden Ortschaften mit einem Amtlichen Bekanntmachungsblatt nicht nur begrüßt, sondern auch darüber informiert, wo sich die einzelnen Dienststellen der Verwaltung befanden (vgl. Kapitel 10). Das Ordnungsamt hatte nun seinen Sitz – einschließlich Einwohnermeldewesen und Standesamt – wieder im alten Rathaus. Die Kämmerei mit unter anderem dem Steuerwesen fand sich im Stadtwerkehaus in der Schützenstraße. Dritter Standort war das „Verwaltungsgebäude II". So hatte man sich in der Neubau-Debatte wieder etwas Luft verschafft.

5 - Als Buchholz beinahe Kreissitz geworden wäre …

Der Nachlass des Ehepaars Schmidt

Am 15. August 1943 hatte der angesehene Buchholzer Notar Dr. Hermann Blendermann einen besonderen Termin. Clara Schmidt bat darum, ihr Testament notariell aufzusetzen. Sie war in Buchholz gut bekannt. Ihr verstorbener Mann war Richard Schmidt, der in Buchholz an zwei Stellen heute noch sichtbare Spuren hinterlassen hat, zum einen im Namen der Richard-Schmidt-Straße und zum anderen als Erbauer des Mausoleums in der Parkstraße gegenüber vom Alten Friedhof.

Der Grundbesitz, über den nun testamentarisch verfügt werden sollte, hatte eine beachtliche Größe. Und das Ehepaar Schmidt hatte keine Kinder. Es ging um über 40 Hektar, alle gelegen im Areal zwischen Parkstraße, Steinbecker Straße (damals Mühlenstraße), Hopfenberg und Steinbecker Mühlenweg. Abgesehen von kleineren Baugrundstücken, die an Familienmitglieder gehen sollten, wurden drei Flächen von jeweils 10 und mehr Hektar der „Stadt Hamburg", der Nationalsozialistischen Kriegsopferversorgung (NSKOV) und – mit einer Größe von ca. 11 Hektar – der Gemeinde Buchholz vermacht.

Was diese letzte Fläche betrifft, ließ Clara Schmidt ausdrücklich im Testament darauf hinweisen, dass sie in der Gemeinde „stets gern gewohnt habe". Und sie sagte auch, was mit der Fläche zu geschehen habe: „Die Gemeinde soll auf diesem … Grundstück entweder ein Krankenhaus oder ein Kreishaus (für die Unterbringung des Landratsamtes in Buchholz) errichten." Weiterhin heißt es: „ … sollen möglichst beide Häuser errichtet werden." Und dann äußerte Clara Schmidt noch den Wunsch: „Die Häuser sollen den Namen ‚Richard-Schmidt-Haus' bzw. ‚Richard-Schmidt-Krankenhaus' führen."

Wer war Richard Schmidt? Er fühlte sich ganz offensichtlich zu seinen Lebzeiten sehr mit Buchholz verbunden. Zwar zog er erst 1918 dorthin, nachdem er die sogenannte „Villa Ruete" in der Parkstraße gekauft hatte. Er hatte im Hamburger Kaffeehandel ein

Das Mausoleum ist als Gebäude gut erhalten, jedoch leer. Wo Richard Schmidt und wohl auch seine Frau begraben sind, ist nicht bekannt. Die Gedenktafel wurde am 15.5.1984 angebracht.

Richard Schmidt erwarb die vorher sogenannte Villa Ruete. Auch der Hamburger Konsul Hermann Ruete war im Kaffeehandel tätig, möglicherweise aber nicht so erfolgreich wie Richard Schmidt. Dieser kaufte nach der Villa Ruete auch die Areale insbesondere unterhalb der Villa zum Steinbach hinunter weitläufig auf.

So sieht die Schmidt-Villa heute aus.

Eine Schmidt-Kaffeedose aus den 1920er Jahren

Vermögen erwirtschaftet und erwarb sich in Buchholz in den 1920er Jahren mit namhaften Spenden den Ruf eines Mäzens. Er gehörte nach den Kommunalwahlen der Jahre 1919, 1921 und 1929 dem Gemeindeausschuss an. Er kandidierte für den „Verein für Handel und Gewerbe", gemeinsam mit z. B. Hermann Burgdorf. Trotz Listenvereinigung 1929 mit u. a. der NSDAP wählte er den von der Arbeitnehmerliste vorgeschlagenen Oskar Dost in das Amt des Gemeindevorstehers, der damit das stimmentscheidende 13. Mitglied des Gemeindeausschusses wurde. Irgendwelche Sympathien für die Nationalsozialisten sind von ihm auch sonst nicht bekannt. Er suchte noch selbst den Standort seines Mausoleums aus und starb am 15. Mai 1933 im Alter von 68 Jahren. Hätte er die Nationalsozialisten überlebt, hätte er gut und gern Ehrenbürger werden können.

Schon 1932 ist Buchholz als Kreissitz denkbar

Es überrascht, dass offenbar schon 1932 darüber gesprochen wurde, dass der Verwaltungssitz des Kreises Harburg seinen Standort gegebenenfalls in Buchholz finden könnte. Denn es konnte als sicher unterstellt werden, dass Clara Schmidt die wichtigsten Testamentsinhalte noch mit ihrem Mann besprochen hatte. Und es spricht tatsächlich einiges dafür, dass Buchholz durchaus ernsthaft für den Kreissitz im Gespräch war. So waren erst 1932 die Altkreise Harburg und Winsen zusammengelegt worden. Die Kreisverwaltung („das Landratsamt") blieb weiterhin im „Stadtkreis Harburg" ansässig, also in der benachbarten kreisfreien Stadt Harburg bzw. – ab 1927 – Harburg-Wilhelmsburg. Buchholz war im Altkreis Harburg die größte kreisangehörige Gemeinde, wurde allerdings nach der Kreiszusammenlegung 1932 von Winsen auf den zweiten Platz verdrängt. Buchholz empfand sich in dieser Situation als direkten Konkurrenten von Winsen. Das Verhältnis zwischen Buchholz und Winsen war ohnehin nicht gut. Der Ort Buchholz entwickelte sich recht dynamisch, wie schon beschrieben wurde. Man argumentierte möglicherweise schon damals, dass die außerhalb des Kreisgebietes gelegene kreisfreie Stadt Harburg-Wilhelmsburg eigentlich nicht Kreissitz bleiben dürfte. Innerhalb des Kreisgebietes läge Buchholz dann viel zentraler als Winsen und wäre von deutlich mehr Gemeinden direkt mit der Bahn erreichbar..

Die NS-Machthaber hatten für solche Gedankenspiele jedoch kein Ohr. Als Harburg mit dem Groß-Hamburg-Gesetz 1937 zu einem Teil der Freien und Hansestadt Hamburg wurde, verblieb der Kreissitz förmlich und faktisch in Harburg, auch wenn nun die Staatsgrenze zwischen Preußen und Hamburg auf dem Weg vom Kreisgebiet zu seiner Verwaltung zu überschreiten war. Als das Landratsamt im Oktober 1944 ausgebombt wurde, zog es umgehend proviso-

Das Landratsamt residierte in dem dreigeschossigen Flachdachgebäude in der Mitte der Abbildung.

Das Winsener Schloss blieb unzerstört und gehörte dem Kreis. Auf den umliegenden Freiflächen mussten allerdings bald Behelfsbaracken errichtet werden, um die gesamte Kreisverwaltung unterbringen zu können.

Die Landwirtschaftskammer Hannover mit der Landwirtschaftlichen Unternehmensberatung befindet sich auch heute noch in dem ursprünglichen Berufsschulgebäude.

risch ins Winsener Schloss, wo die Kreisverwaltung schon im Altkreis Winsen ihren Standort hatte.

Am 30. März 1944 starb Clara Schmidt. Nach ausführlicher Beratung nahm der Buchholzer Gemeinderat am 12. Mai 1944 die der Gemeinde zugedachte Erbschaft an und tat dies noch einmal am 23. Juni 1945. Allerdings konnten die grundbuchlichen Eintragungen noch nicht abgewickelt werden. Am 29. Juli 1946 kamen – wiederum bei Notar Dr. Blendermann – Vertreter der Gemeinde und alle weiteren Erben zusammen und regelten die Einzelheiten. In § 3, Ziffer 2 hieß es übrigens auch hier: „Später auf dem Grundstück zu errichtende Baulichkeiten müssen den Namen ‚Richard Schmidt' in irgendeiner Form tragen". Außerdem wurde ausdrücklich festgehalten, dass die Gemeinde das geerbte Grundstück „weder in Teilen noch als Ganzes" jemals verkaufen dürfe. Dieses Verbot war im ursprünglichen Testament gar nicht enthalten.

Statt Kreishaus erst einmal Berufsschule – immerhin eine Kreiseinrichtung

Bis zur Währungsreform 1948 dachte kaum jemand an Neubauten welcher Art auch immer. Im Protokoll der Gemeinderatssitzung am 13. Juni 1945 hieß es vielmehr: „Frau Dr. med. Annaliese Freundörfer verlegt ihre Praxis in die ehemalige Schmidtsche Villa, in der der Ärztin auch Wohnraum zur Verfügung gestellt wurde." Bald kam ihr Mann Dr. med. August Freundörfer aus dem Krieg zurück, so dass Buchholz gleich zwei der dringend benötigten Ärzte an sich binden konnte.

Ab 1948 richteten sich jedoch zunehmend begehrliche Blicke auf die geerbten Flächen. Gemeinderatsmitglied Friedrich Christen (später eine Zeitlang Ortsplaner von Buchholz) schlug in der Ratssitzung am 4.10.1948 – also vier Monate nach der Währungsreform – vor, den „Kaffee-Schmidt-Park" zumindest teilweise zu parzellieren und an „kapitalkräftige Leute" zu verkaufen. Vom Schmidt-Testament war dabei zumindest im Protokoll nicht die Rede. Der Vorschlag wurde allerdings nicht weiterverfolgt. Zuerst einmal ging es am 13. April 1949 um die Bitte des Landkreises, ein Grundstück aus dem Schmidtschen Erbe für eine Berufsschule „abzugeben". Sofort wurde mit den Bestimmungen des Testaments argumentiert. Unterstützend wurde angeführt, dass im Testament der Bau von Kreishaus und Kreiskrankenhaus verfügt seien, so dass eine Kreiseinrichtung wie die Berufsschule dem Willen des Erblassers nicht widersprechen würde.

So beschloss man, ein Grundstück von bis zu 3000 Quadratmetern dem Kreis kostenlos zur Verfügung zu stellen. Man einigte sich schon im Sommer 1949, an der Stelle, wo die heutige Königsberger Straße auf die Parkstraße stößt, eine Kreisberufsschule (Parkstr. 29) zu bauen, die den westlichen Teil des Landkreises schulisch versorgen sollte. Am 21. Dezember 1950 wurde das Richtfest gefeiert. Ausbildungsbetriebe und Berufsschüler ließen es sich nicht nehmen, das Gebäude zu Selbstkosten hochzuziehen. Es wurde im damals vollmundig gelobten „Niedersachsenstil" erbaut. Am 11. Dezember 1950 genehmigte der Gemeinderat übrigens die „Übertragung" des Berufsschulgrundstücks an den Landkreis „zum Preis von 500 DM".

Im Jahre 1971, als neue und deutlich größere Berufsschulgebäude im Schulzentrum II bezogen werden konnten, wurde die alte Berufsschule der Landwirtschaftskammer Hannover als Wirtschaftsberatungsstelle für den gesamten Landkreis zur Verfügung gestellt. Die beiden bisherigen Beratungsstellen in Tostedt und Winsen wurden aufgelöst.

Schützenhaus, Schützenhalle, Waldschule, Waldfriedhof, Bundesbahnschule, Zivildienstschule, Krankenhaus

Auf den Flächen des Schmidt-Erbes ging es schnell in die nächsten Runden. Von einem Kreishaus war zuerst einmal nicht mehr die Rede. Vielmehr meldete sich der Schützenverein Buchholz von 1901. Er durfte wie alle Schützenvereine erst im Jahre 1949 neu gegründet werden, nachdem im Sommer 1945 alle Vereine von der britischen Besatzungsmacht aufgelöst worden waren. Der Buchholzer Schützenverein hatte nun ein ganz spezielles Problem: Das alte Schützenhaus mit seinem Festsaal und die Schießanlage, zwischen der heutigen Brandenburger Straße und dem Veilchenweg gelegen, waren vollständig zu Flüchtlingsbehelfswohnungen umgebaut worden. Der Vorsitzende (der Titel „Präsident" wurde erst später eingeführt) des Schützenvereins, Friedrich Diekmann, war zugleich auch Gemeinderatsmitglied und beantragte am 7. Oktober 1949, ein Stück aus dem Schmidtschen Erbe an den Schützenverein zu verkaufen.

Beschlossen wurde am 15. Januar 1951 eine Verpachtung von schließlich 19 000 Quadratmetern zu einem Pachtzins von jährlich 200 DM auf eine Dauer von 33 Jahren. Der Pachtvertrag bezog sich auf den Teil der Flächen aus dem Schmidt-Erbe, worauf sich heute die Schießhalle, die Schützenhalle und der größte Teil des Schützenplatzes befinden. 1956 wurde der Pachtvertrag in einen Erbbauvertrag umgewandelt, zu einer jährlichen Pacht von mittlerweile 460,17 € auf die Dauer von 99 Jahren, vom 1. Juli 1956 an gerechnet.

Schon im Oktober 1950 begann die Herrichtung des Platzes; beim Schützenfest am 11. und 12. Juli 1954 wurde das neue Schützenhaus eingeweiht. Mit dem Bau der Schützenhalle wurde im Juni 1967 begon-

Eingang zum 1954 eingeweihten Schützenhaus

Die Schützenhalle diente 2021 und 2022 speziellen Zwecken – erst Impfzentrum in der Corona-Pandemie und 2022 Erstaufnahme von Ukraine-Flüchtlingen

In diesem Teil der Waldschule begann der Unterricht bereits Ende 1953.

nen. Sie wurde im November 1968 mit einem Beat-Festival als erster großer Veranstaltung eröffnet.

Zwei Einrichtungen platzten zu Beginn der 1950er Jahre aus allen Nähten – die Schulen (Volksschule und Mittelschule) an ihrem Standort im Gebäudekomplex des heutigen Rathauses sowie der alte Friedhof. Die Volksschule befand sich damals im heutigen Baudezernat, die Mittelschule im ältesten Teil des Gebäudekomplexes im Bereich des heutigen Rathaushaupteingangs. Man entschied sich, die alten Schulgebäude vollständig der Mittelschule zur Verfügung zu stellen, für die Volksschule dagegen einen kompletten Neubau hochzuziehen, nämlich die Waldschule, die seitdem ihren Standort an der Parkstraße nutzt. Die Grundsteinlegung fand im September 1952 statt, die offizielle Einweihung im Februar 1954. Vom Schmidt-Testament war im gesamten Verfahren nicht mehr die Rede.

Das ursprünglich der NSKOV (s. o.) zugedachte Areal verblieb bei den familiären Erben und wurde 1952 zu einem großen Teil an die St. Paulus-Kirchengemeinde für die Anlage des Waldfriedhofes verkauft. Die Gemeinde Buchholz stimmte dem übrigens nur unter der Bedingung zu, dass die Kapelle auch für nicht-kirchliche Trauerfeiern genutzt werden dürfe.

Auch das Grundstück, auf dem 1954 und 1955 das neue Krankenhaus errichtet wurde, gehörte zum Schmidt-Nachlass, allerdings nicht zu den Grundstücken, die an die Gemeinde gingen. Im Mai 1953 wechselte es für 0,60 DM/Quadratmeter zur Gemeinde Buchholz, die zu diesem Zeitpunkt noch davon ausging, dass es sich bei dem darauf in der Planung schon begonnenen Krankenhaus um ein Kreiskrankenhaus handeln würde. Im Oktober 1953 beschloss allerdings der Kreistag, mit dem „Verein Evangelisches Krankenhaus Buchholz e. V.“ als Träger der

Kapelle auf dem Waldfriedhof

Einrichtung zusammenzuarbeiten. Erst als dieser im Frühjahr 1958 kurz vor dem Konkurs stand, übernahm der Kreis das Krankenhaus in eigene Regie. Auf einem kleinen Umweg wurde also der Wille von Richard und Clara Schmidt, es möge auf den vererbten Flächen ein Krankenhaus gebaut werden, doch noch Realität. Es wurde allerdings nicht „Richard-Schmidt-Krankenhaus“ genannt, da dieser Wunsch an die Flächen gebunden war, die der Gemeinde im Testament direkt zufielen.

Auch die Freie und Hansestadt Hamburg verkaufte ihr Erbteil, 12 Hektar ziemlich hügelige Heide, auch als „Hamburger Gelände“ bezeichnet, 1951 an die Gemeinde Buchholz. 1957 wurde das Gelände dann an die Deutsche Bundesbahn weiterverkauft. Sie errichtete dort die spätere Bundesbahnschule. 1962 wurde die Schule eingeweiht, selbstverständlich von Bundesverkehrsminister Dr. Christoph Seebohm (DP, ab 1960 CDU), in dessen Wahlkreis Buchholz lag. 1984 wurde daraus die Zivildienstschule, die inzwischen ebenfalls Geschichte ist. Mittlerweile steht auf einem Teil des „Hamburger Geländes“ im Übrigen der Neubau des an das Krankenhaus angegliederten Hospizes.

1958 wird endgültig über den Sitz des Kreises entschieden – er bleibt in Winsen

Die britische Militärregierung in Lüneburg ordnete Ende April 1945 an, dass ihre Kreisdienststelle für den Kreis Harburg in Hamburg-Harburg aufgebaut werden sollte, also da, wo sich der Sitz des Kreises Harburg bisher befand. Major Alan Douglas Seddon war Chef der Militärverwaltung im Landkreis Harburg. Er entschied sich dann aber aus naheliegenden Gründen für das unzerstörte Winsen, wo das im Oktober 1944 in Harburg ausgebombte Landratsamt im Schloss untergekommen war. Es wurde jedoch kein förmlicher Beschluss gefasst, der Winsen den Kreissitz zusprach.

Winsen war also zuerst einmal weder von der Militärregierung noch später von der Landesregierung Hannover bzw. Niedersachsen noch vom Kreistag förmlich als Sitz des Kreises Harburg („Landkreis“ ab 1947) bestätigt worden. Hier bestand noch Handlungsbedarf, zumal die Kreisverwaltung aus den Nähten platzte und von allen Seiten ein Neubau verlangt wurde. Der Kreistag setzte einen „Kreishausbauausschuss“ ein, der vom Buchholzer Kreisausschuss-

Das Buchholzer Kreiskrankenhaus wurde ursprünglich recht klein begonnen und dann schrittweise erweitert, zuletzt 2020 um den Anbau an den Westflügel. Im Vordergrund liegt das Hospiz Nordheide.

Das neue Hospiz Nordheide liegt auf dem ehemaligen „Hamburger Gelände“ und ist zu einem maßgeblichen Anteil von der Bürgerstiftung Hospiz Nordheide finanziert worden. Das Bild ist aus dem neuen Anbau an das Bettenhaus West des Krankenhauses in Richtung Westen aufgenommen. Am Horizont erstreckt sich der Stuvenwald.

Der Bau des Kreishauses in Winsen wurde nach dem Kreissitzbeschluss sofort in Angriff genommen. Mittlerweile wurden die Verwaltungsgebäude mehrfach ergänzt und erweitert. Der Haupteingang liegt jedoch unverändert im Ursprungsgebäude aus den ersten 1960er Jahren. Übrigens ist dies in seiner Architektur beispielhaft für die Zeit um 1960. Weder im Landkreis noch in Harburg gibt es viele solcher Gebäude. Man sollte durchaus einmal darüber nachdenken, es unter Denkmalschutz zu stellen!

mitglied und späteren Buchholzer Bürgermeister Dr. Adolf Matthies geleitet wurde. Die Gemeinde Buchholz legte bald die Karten auf den Tisch: Der Buchholzer Gemeinderat stellte am 18. Juni 1955 und noch einmal am 30. Mai 1956 beim Landkreis Harburg Anträge, Buchholz zum Kreissitz zu bestimmen. Untermauert wurde dies durch ein Argumentationspapier, das im Kern drei Punkte betonte, die zentrale Lage im Landkreis, die dynamische Entwicklung der Stadt („bald größer als Winsen") und das Vorhandensein eines äußerst attraktiven Baugeländes, nämlich der geerbten Schmidtschen Flächen.

Währenddessen war Winsen nicht untätig geblieben. Am 31. Mai 1956 legte Winsen dem Ausschuss eine ausführliche Stellungnahme vor, worin die Stadt unterstrich, sie wäre „… in der glücklichen Lage, ausreichendes Baugelände für ein repräsentatives Verwaltungsgebäude zur Verfügung stellen zu können." Für den Kreishausbauausschuss war es allerdings ein offenes Geheimnis, dass der bisherige Eigentümer der Fläche seine nassen Wiesen eigentlich gar nicht verkaufen wollte und zum Notar regelrecht „getragen werden musste". Das Hauptargument für Winsen war aber selbstverständlich, dass die Kreisverwaltung schon am Ort sei und mit dem Schloss ein Gebäude mit sehr repräsentativem Charakter bereitstünde. Wenige Tage später, am 9. Juni 1956 legte der Kreishausbauausschuss seine Beschlüsse zur Größe des Neubaus und zu vielen weiteren Themen vor. Bezüglich des Kreissitzes legte sich der Ausschuss je-

Große Teile des Schmidtschen Erbes bilden den heutigen Stadtwald, die größte und attraktivste zusammenhängende Grünfläche im inneren Teil von Buchholz.

doch nicht fest. Mehr konnte der Buchholzer Adolf Matthies wohl nicht erreichen.

Die Debatte änderte nun die Richtung. Jetzt wurde diskutiert, die Kreisverwaltung zu teilen, den Kreissitz zwar in Winsen zu lassen, in Buchholz jedoch ein „Außenamt" einzurichten. Dafür fand sich in der Kreistagssitzung am 4. Juni 1957 eine Mehrheit, was verdeutlichte, dass Winsen westlich der Seeve nach wie vor nicht viele Freunde hatte. Gegen diesen Beschluss ging der Oberkreisdirektor, damals Dr. Andreas Dehn, auf die Barrikaden. Dies sei „die schlechteste aller Lösungen". In überraschend kurzer Zeit gelang es ihm, mehrere bundesweit hochangesehene Experten zu gutachterlichen Stellungnahmen gegen den „Teilungsbeschluss" zu bewegen. Darunter waren zwei von den kommunalen Spitzenverbänden und eine von dem Verwaltungsrechtler Prof. Dr. Werner Weber aus Göttingen, der bei der Vorbereitung der Gebietsreform 1972 noch eine wichtige Rolle spielen würde (vgl. Kapitel 7).

Es zog sich noch bis in den Sommer 1958 hin, bis der Kreistag am 30. Juni 1958 im Gasthaus Garbers in Brackel zu endgültigen Beschlüssen kam. Mit einer ersten Abstimmung wurde der „Teilungsbeschluss" vom Vorjahr wieder aufgehoben und zwar einstimmig. Ein Aufatmen ging durch die Reihen. Als nächstes wurde beantragt, den Kreissitz innerhalb des Landkreises zu belassen, Harburg also aus der weiteren Debatte herauszunehmen. Auch dies fand eine große Mehrheit, wenn auch erst nach einer längeren Diskussion. Im Weiteren wurden nun drei Orte zur Wahl gestellt – Winsen, Buchholz und Fleestedt. Letztere Gemeinde wurde vor allem von denen unterstützt, die den Sitz eigentlich gern in Harburg gesehen hätten. Fleestedt lag und liegt Harburg unmittelbar benachbart. Zudem verfügte der Landkreis hier seinerzeit über geeignete Grundstücke.

Buchholz, 14 Tage später selbst zur Stadt ernannt, verlor die Abstimmung, wenn auch nur knapp. Im ersten Wahlgang erhielten Winsen 19 Stimmen, Buchholz 11 Stimmen und Fleestedt acht Stimmen. Da bei einer Enthaltung keiner der Orte die absolute Mehrheit erhielt, war eine Stichwahl erforderlich. Darin setzte sich Winsen gegen Buchholz mit 21 zu 18 Stimmen durch. Nun ging es umgehend an die Planung und Ausschreibung des neuen Kreishauses. Ende 1960 zog die Kreisverwaltung in den Neubau, der Anfang 1961 offiziell eingeweiht wurde.

Hätte Buchholz gewonnen, wäre die Frage nach dem erforderlichen Baugrund in Buchholz auf den Flächen des Schmidt-Erbes schnell beantwortet gewesen. Denn 1959 war die Waldschule noch nicht erweitert und die Schützenhalle noch nicht gebaut worden. Der Schützenplatz war einfach mobilisierbar und unterhalb von Schützenhalle und Schießhalle, wie auch noch heute, war reichlich Wald vorhanden. Und vielleicht hätte auch der Schützenverein mit seiner Schießhalle noch einmal umziehen müssen … Dass der Stadtwald in Teilen noch steht, hat Buchholz also auch wenigen Mitgliedern des damaligen Kreistages in der Periode 1956 bis 1960 zu verdanken!

6 - Buchholz wird nicht ganz zufällig zum Mittelzentrum

Was sind Mittelzentren?

Zwar war Buchholz nicht Sitz der Kreisverwaltung geworden. Und viele hätten das auch nicht als angemessen empfunden. Buchholz durfte sich zum Zeitpunkt seiner Abstimmungsniederlage noch nicht einmal „Stadt“ nennen, denn so weit war es erst sechs Wochen später (vgl. Kapitel 1). Buchholz sah in seinem Kern in den 1950er Jahren alles andere als städtisch aus. Wiesen, Obstgärten, ja sogar Misthaufen hinter der Hofeinfahrt waren nichts Besonderes. Auf der anderen Seite boten Neue Straße und Poststraße schon ein wenig kleinstädtisches Flair. Das alte Rathaus wiederum, in einem ehemals noblen Wohnhaus im Dorfzentrum gelegen, wo der Feuerlöschteich („Caspers Sal“) vor der Tür gerade mal kurz vor dem Zweiten Weltkrieg zugeschüttet wurde, war im ganzen Landkreis als einzige Zumutung für die Bürgerinnen und Bürger, aber auch für das Personal bekannt.

Und trotzdem wurde Buchholz vom Ministerium des Inneren schon 1969 in einem Atemzug mit Winsen und Buxtehude genannt. Alle drei Städte wurden als „zu Mittelzentren zu entwickelnde Grundzentren“ bezeichnet. 1973 galten alle drei im neuen Landesraumordnungsplan bereits als „Mittelzentren“ ohne jede Einschränkung. Was war da im Vorlauf zur Gebietsreform in der Nordheide geschehen?

Mittelzentren sind Städte, die einen größeren Einzugsbereich mit zentralen Diensten versorgen. Da geht es z. B. um Krankenhäuser, weiterführende Schulen, soziale und kulturelle Einrichtungen aller

Die Empore ist zu dem wichtigsten Veranstaltungszentrum zumindest des westlichen Landkreises Harburg geworden.

Die nächsten Finanzämter liegen in Rotenburg, Soltau, Winsen und Stade, alles Städte, die zugleich auch Mittelzentren sind.

Art und natürlich auch um die kommunale und staatliche Verwaltung, von der Kreisverwaltung bis zum Amtsgericht oder Finanzamt. Und natürlich müssen diese Mittelzentren aus ihrem Versorgungsbereich gut mit Bussen und Bahnen erreichbar sein. Hierarchisch oberhalb der Mittelzentren stehen die Oberzentren (z. B. mit Universitäten, höheren Gerichten, Theatern, großen Museen oder einer Oper). Unterhalb stehen die Grundzentren (in einigen Ländern auch Unterzentren genannt), die ihre Einzugsbereiche mit möglichst spezialisiertem Einzelhandel und div. Dienstleistungen versorgen sollen, was aber auch zu den Aufgaben der Mittelzentren zählt.

Das System basiert auf der Theorie der Zentralen Orte, die von dem Geographen Walter Christaller 1933 als seine Doktorarbeit veröffentlicht wurde. Selten hatte eine Doktorarbeit in Deutschland einen so unmittelbaren und über Jahrzehnte anhaltenden Einfluss. Schon die Nationalsozialisten nutzten sie, im besetzten Polen leider auch unter Mithilfe von Walter Christaller. Seit 1948 wurde die Theorie in der Bundesrepublik Deutschland zu einer Grundlage von Raumordnung und Landesplanung.

1948 gilt Buchholz als „Zentraler Ort 3. Ordnung"

Auch in Niedersachsen wies man bald Zentrale Orte aus. Bereits im Jahre 1948 wurde ein erster Landesraumordnungsplan für Niedersachsen entworfen, in dem es „Zentrale Orte 1., 2. und 3. Ordnung" gab. Buxtehude und Winsen wurden der 2. Ordnung zugewiesen. Buchholz und Tostedt waren in die 3. Ordnung eingruppiert. Das entsprach dem Selbstverständnis der genannten Orte. Buchholz hatte mit Sicherheit nicht gegen diese Einstufung protestiert. Im Gegenteil: Buchholz hatte sie vermutlich überhaupt nicht zur Kenntnis genommen. In den Gemeinderatsprotokollen von 1948 oder 1949 ist jedenfalls keine

Walter Christaller (1893 bis 1969)

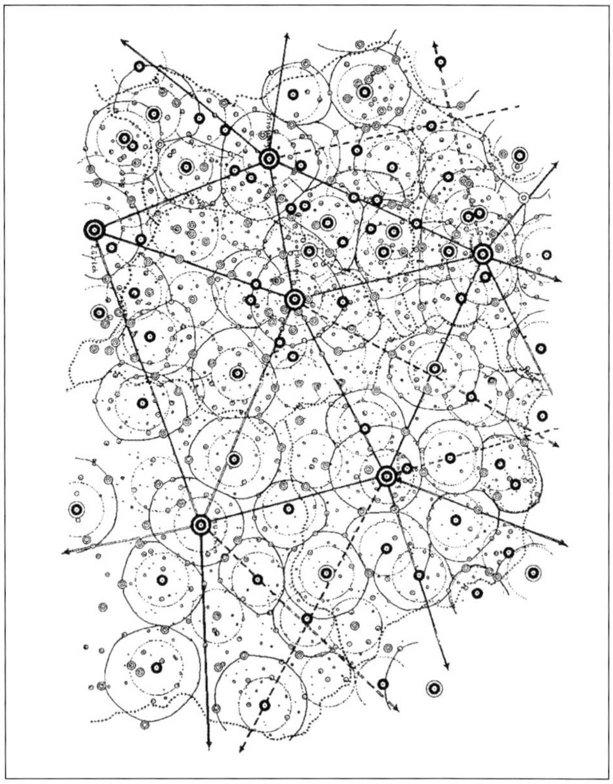

Skizze der zentralörtlichen Beziehungen in Süddeutschland und angrenzenden Regionen, wie sie in der Dissertation Christallers zu finden ist

Spur zu finden. Und der Minister des Inneren in Hannover sah in dieser Zeit auch wenig Veranlassung, die einzelnen Zentralen Orte an der Entscheidung über ihre Einstufung zu beteiligen. „Preußen" war in den Köpfen der Verwaltung noch fest verankert, auch wenn es seit kurzem nicht mehr existierte.

Nun geschah aber in Norddeutschland etwas, das in der bundesweiten Fachwelt auf erhebliche Resonanz stieß. Hamburg bildete bereits 1955 mit Schleswig-Holstein einen „Gemeinsamen Landesplanungsrat", der für das nördliche Umland Hamburgs zuständig war, etwa bis Elmshorn, Bad Oldesloe und Schwarzenbek. Und Hamburg schlug Niedersachsen vor, dasselbe im südlichen Hamburger Umland zu machen. Gründe dafür gab es genug. Seit den Bombenkriegszerstörungen in Hamburg und seit den Flüchtlingstrecks des Jahres 1945 hatte sich ein enormer Siedlungsdruck im Hamburger Umland aufgebaut. Und trotz massiven Wohnungsbaus in Hamburg wurde dieser Druck immer größer. Es entstand in den 1950er Jahren die paradoxe Situation, dass der Wohnungsbedarf scheinbar umso schneller stieg, je mehr Wohnungen gebaut wurden. Die Gemeinden arbeiteten an der Grenze der Überforderung, ob es um die schulische Versorgung, das Bereitstellen von Bauplätzen oder den Bau immer neuer Straßen ging.

Das Umland von Hamburg, ob im Norden oder Süden, wurde dabei dramatisch zersiedelt. Buchholz und auch Holm-Seppensen, Sprötze, Steinbeck oder Jesteburg galten dafür in der ganzen Hamburger Region als Paradebeispiele. Quadratkilometergroße Wohngebiete ohne befestigte Wege, ohne Kanalisation, ohne zentrale Wasserversorgung, ohne Straßenbeleuchtung waren hier außerhalb der Dorfkerne der Normalzustand. Entstanden waren diese Gebiete ursprünglich, als ab 1943 die unzähligen Wochenendhäuser der Nordheide als Wohnunterkünfte für Ausgebombte und später für Flüchtlinge herangezogen wurden (vgl. Kapitel 2). Und spätestens seit der Währungsreform 1948 wurde in diesen Gebieten munter weitergebaut. Für die Landes- und Regionalplanung bestand also erheblicher Handlungsbedarf.

Niedersachsen und Hamburg vereinbarten im Jahre 1957 eine „Gemeinsame Landesplanungsarbeit" im südlichen Hamburger Umland. Die oberste Instanz, die „Hauptkommission" tagte das erste Mal am 21. November 1957. Wie schon in Schleswig-Holstein wurde auch mit Niedersachsen vereinbart, die kommunale Ebene förmlich zu beteiligen. Vertreter des Landkreises Harburg und auch der Gemeinden arbeiteten mit. Man kam schnell zu Ergebnissen. Im Jahre 1958 wurden „Empfehlungen zur räumlichen Entwicklung" ausgearbeitet.

Buchholz wird „Entlastungzentrum" für Hamburg und „Aufbauort"

Als am 30. Juni 1958 die Entscheidung fiel, den Kreissitz in Winsen zu belassen, und als Buchholz am 16. August 1958 die Stadtrechte verliehen wurden, war man mit den „Empfehlungen" schon weitgehend fertig, auch wenn sie erst am 30. Oktober 1958 verabschiedet wurden. Man vereinbarte, sogenannte „Entlastungszentren" durch den stufenweisen organischen Ausbau bestehender Orte zu fördern. Dabei schwebte den beteiligten Landes- und Regionalplanern vor, an den Siedlungsachsen in Richtung Stade, Lüneburg und Bremen jeweils ein Entlastungszentrum zu benennen, das die Entwicklung in den Achsen zu einem großen Teil auf sich konzentrieren sollte und konnte.

Dabei ergab sich ein Problem. Richtung Stade und Lüneburg waren mit Buxtehude und Winsen problemlos die Städte zu nennen, die diese Aufgabe übernehmen konnten. Richtung Bremen gab es jedoch weder eine Siedlungsachse noch einen sich anbietenden Ort. Tostedt war schlecht geeignet, weil es zu weit weg von Hamburg lag und damit die Entlastungsfunktion nur unzureichend hätte ausfüllen können. Und Buchholz war immer noch das eingangs geschilderte „aus dem Tritt geratene Dorf", das seine mittlerweile relativ hohe Einwohnerzahl zu einem großen Teil den völlig zersiedelten Waldwohngebieten verdankte. Die Rolle als Bahnknotenpunkt gab dann allerdings den Ausschlag für Buchholz. Beschlossen wurde: „Als Aufbauorte, die im Planungsgebiet Aufgaben solcher Entlastungszentren übernehmen können, sind zunächst die Städte Buxtehude, Buchholz und Winsen zu betrachten."

Als Aufbauort stand Buchholz nun erstmals gleichberechtigt neben den beiden anderen Städten, die – an Buchholz gemessen – wirkliche Kleinstädte mit einer beachtlichen Historie waren. Bei der Kreissitzdebatte wussten mehrere der Beteiligten, dass sich hier ein zusätzliches Argument für Buchholz entwickelte. Und auch die Verleihung der Stadtrechte erschien in einem veränderten Licht. Möglicherweise wurde die Idee, die Stadtrechte zu beantragen, gar nicht in Buchholz, sondern in Hannover geboren? Vielleicht brauchte man im Innenministerium diesen zusätzlichen Baustein, um den Minister vom Dreigestirn der Aufbauorte zu überzeugen? In den Archiven findet sich dazu nichts.

Mit der Ernennung zum „Aufbauort" war der Weg von Buchholz zu einem voll funktionsfähigen Mittelzentrum vorgezeichnet. Bereits 1961 legte die „Gemeinsame Landesplanung Hamburg-Niedersachsen" einen Aufbaufonds auf, der zu gleichen Teilen von Hamburg und Niedersachsen finanziert wurde. Er war anfangs mit jährlich zwei Mio. DM dotiert und hatte die Aufgabe, bei Investitionen, die im beiderseitigen Interesse von Niedersachsen und Hamburg lagen, die Spitzenfinanzierung zu übernehmen. Buchholz war gern gesehener „Kunde". Allein in den Jahren 1962 bis 1971 beteiligte sich der Aufbaufonds u. a. an der Heideschule, der ersten Realschule im Schulzentrum I, dem Hallen- und Freibad oder der

Erweiterung des Krankenhauses. Alles diente dem Aufbau einer Infrastruktur, wie man sie in einem Mittelzentrum brauchte.

1973 wird Buchholz zum uneingeschränkten Mittelzentrum

Im Jahre 1968 brachten die für Landesplanung Verantwortlichen in Hannover, Hamburg und Schleswig-Holstein eine Jubiläumsschrift „Raumordnung an der Niederelbe" heraus, in der die über zehnjährigen Erfahrungen mit der Gemeinsamen Landesplanung beschrieben wurden. Die daraus entnommene Kartenskizze verzichtete auf den Begriff „Aufbauort", den Schleswig-Holstein in der Landes- und Regionalplanung nicht verwendete. Es wurde nun in gemeinsamer Sprachregelung von „Trabantenstädten" gesprochen, deren Entwicklungsaufgaben näher umrissen wurden. Ein „verstärkter Ausbau des Gewerbes" galt für alle Trabantenstädte. Beim Wohnungsbau wurde dann aber unterschieden: Für Winsen war ein verstärkter Ausbau vorgesehen. In Buchholz – immer noch der Inbegriff der Zersiedlung südlich der Elbe – sollte man sich dagegen auf diesem Gebiet zurückhalten. Dieser fromme Wunsch ging allerdings nicht in Erfüllung. Ungefähr zur gleichen Zeit überholte Buchholz die Kreisstadt Winsen in der Einwohnerzahl.

Im Jahre 1973 war es geschafft: Buchholz wurde in diesem Jahr im neuen „Landesraumordnungsplan 1985" erstmals ohne Einschränkung als Mittelzent-

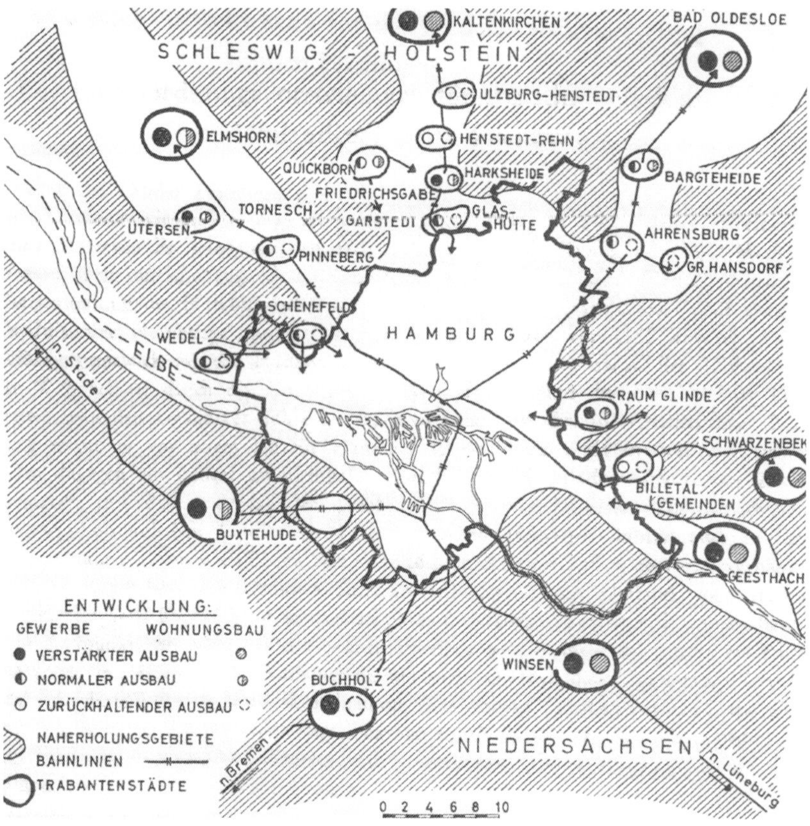

Diese Raumordnungsskizze für die gesamte Hamburger Region stammt aus dem Jahre 1967 und wurde von den Ländern Niedersachsen, Hamburg und Schleswig-Holstein gemeinsam getragen.

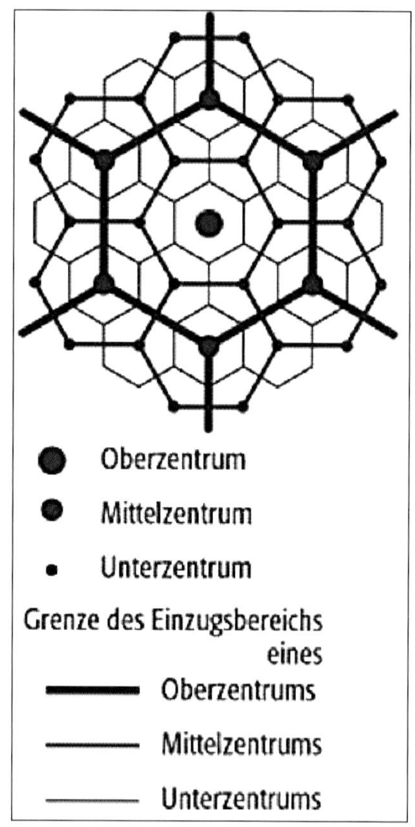

Diese Prinzipskizze ist in Anlehnung an die Beschlüsse entworfen worden, die die Ministerkonferenz für Raumordnung 1968 zum zentralörtlichen System in der Bundesrepublik Deutschland gefasst hatte.

rum bezeichnet. Dies zeichnete sich 1971 schon ab, als sich das Ministerium des Inneren auf großzügige Eingemeindungen nach Buchholz festlegte (vgl. Kapitel 8). Am 1. Juli 1972 lebten 22 474 Einwohner in Buchholz. (Am 30 Juni 1972 waren es noch 15 273.) Damit wurde die Einwohnerzahl von 20 000 deutlich überschritten. Und dies war in Niedersachsen die Untergrenze, die von Mittelzentren erreicht werden musste. Ohne die Ernennung zum „Aufbauort" wäre dies vermutlich nicht geschehen.

7 - Die Gebietsreform braucht eine gesetzliche Grundlage

Die Gebiets- und Verwaltungsreform wird in den 1960er Jahren zum bundesweiten Thema

Der Name „Karlsruhe“ hat bei Juristen einen besonderen Klang. Am Standort des Bundesverfassungsgerichtes und des Bundesgerichtshofes fand 1964 der Deutsche Juristentag statt, der alle zwei Jahre in einer anderen Stadt ausgerichtet wird. Das Rahmenthema dieses Jahres war „Gebiets- und Verwaltungsreform in der Bundesrepublik Deutschland“. Von der Länderneugliederung bis zum Umgang mit ländlichen Kleinstgemeinden reichten die Themen, die auf der Tagesordnung standen.

Schnell zeigte sich, dass überall in Westdeutschland ein Thema besonders unter den Nägeln brannte, nämlich die Gebiets- und Verwaltungsreform auf der kommunalen Ebene. Die soziale und wirtschaftliche Dynamik des Wiederaufbaus, des Wirtschaftswunders sowie der Integration der Flüchtlinge und Vertriebenen führte überall und systematisch dazu, dass Gemeindeverwaltungen, aber auch immer wieder Kreisverwaltungen von den auf sie zurollenden Aufgaben überfordert waren. Besonders betroffen waren Größere Städte und die Gemeinden in ihrem Umland. Nur kleine Gemeinden weitab von den Zentren der regionalen Entwicklung merkten es noch nicht so. Der Deutsche Juristentag in Karlsruhe unterstrich die Notwendigkeit von Gebiets- und Verwaltungsreformen im Schulterschluss über alle Universitäten und Bundesländer hinweg in einer Weise, die an Deutlichkeit kaum etwas zu wünschen übrig ließ.

Der letzte Deutsche Juristentag fand 2018 in Leipzig statt. 2020 fiel er wegen der Corona-Pandemie ersatzlos aus. Der nächste soll 2022 stattfinden.

Die „Weber-Kommission“

Der Karlsruher Juristentag wirkte wie ein Wecker ohne Schlummertaste. In allen Ländern wurden in den folgenden Monaten Ausschüsse, Arbeitskreise oder Kommissionen gegründet. Schon 1965 wurde auch in Niedersachsen die Bildung eines Gremiums beschlossen, das am 29. November 1965 als „Sachverständigenkommission für die Verwaltungs- und Gebietsreform in Niedersachsen“ seine Arbeit aufnahm. Der Verwaltungsjurist Prof. Dr. Werner Weber aus Göttingen wurde ihr Vorsitzender, weshalb die Kommission meist verkürzt einfach nur „Weber-Kommission“ genannt wurde. Nach wenigen Monaten legte sie ihren ersten Zwischenbericht, 1967 den zweiten und 1969 ihren abschließenden Kommissionsbericht vor.

Schonungslos wurden die Defizite in der kommunalen Verwaltung (aber auch im Zusammenspiel von Ministerien, Regierungsbezirken und Landkreisen) seziert. Stand diese noch im 19. Jahrhundert unter dem Primat von Sicherheit und Ordnung, hatte sie sich im 20. Jahrhundert immer weiter zur „Leistungsverwaltung“ entwickelt. Differenzierte Schulangebote, Straßenbau, Kindergärten, Sportplätze oder Schwesternstationen waren nur einige Stichworte, die dies unterstrichen. Die Zahl der auf kommunaler Ebene zu bewältigenden Aufgaben wurde größer, komplizierter

Dies Portraitfoto von Werner Weber stammt aus den 1960er Jahren.

und unübersichtlicher. Man brauchte immer weiter spezialisiertes Personal. Während jedoch diese Entwicklung seit über 100 Jahren voranschritt (vgl. Kapitel 4), blieb eines konstant: die Flächengröße und damit vielfach auch die Einwohnerzahl der Gemeinden. In der Bundesrepublik existierten um 1965 ca. 25 000 Gemeinden, von denen über 10 000 weniger als 500 Einwohner hatten. In Niedersachsen sah es aufgrund seiner insgesamt niedrigen Bevölkerungsdichte sogar noch drastischer aus. Hier gab es Ende 1969 insgesamt 4137 Gemeinden, von denen 2007, also 48,5 Prozent weniger als 500 Einwohner umfassten.

Die Arbeit der Weber-Kommission wurde von Anfang an von einem breiten gesellschaftlichen Konsens getragen. Der Landtag und die kommunalen Spitzenverbände stellten sich dezidiert hinter den Auftrag und die ersten Ergebnisse der Kommission. Wirtschaftsverbände und Kammern unterstrichen ihre Zustimmung. In den Medien, damals also vor allem in den Zeitungen und im Rundfunk, gab es fast nur zustimmende Beiträge und Meinungen der Leser und Hörer. Widerstände wurden bis zum Abschluss der Kommissionsarbeit nicht systematisch formuliert. Meinungsverschiedenheiten betrafen fast ausschließlich die konkrete Einzelumsetzung vor Ort (vgl. Kapitel 8).

Gemeinden sollen mindestens 7000 bis 8000 Einwohner stark werden

Schnell rückte eine Frage in den Mittelpunkt der Debatte: Wie groß müssen Gemeinden mindestens sein, um mit den laufend weiter steigenden Anforderungen fertig zu werden? Die Kommission legte sich fest – es sollten mindestens 7000 bis 8000 Einwohner sein. In sehr dünn besiedelten ländlichen Regionen sollte ausnahmsweise die Zahl von 5000 Einwohnern nicht unterschritten werden.

Diejenigen, die der Bildung größerer Gemeinden skeptisch gegenüberstanden, lasen dies sofort als „Untergrenze von 5000 Einwohnern". Sprötze, das gern wieder die Vierdörfergemeinschaft aus Sprötze, Trelde, Drestedt und Kakenstorf reanimieren wollte, bedauerte, dass diese vier nur auf ca. 3500 Einwohner kamen. Allerdings sei die Siedlungsentwicklung in den Dörfern so dynamisch, dass „die 5000" schon bald erreicht würden (vgl. Kapitel 8). Dass die Untergrenze von 5000 Einwohnern jedoch nur für dünn besiedelte Regionen wie das Hannoversche Wendland oder die Zentralheide gedacht war, nicht aber für Gemeinden im Pendlereinzugsbereich von Städten wie Hamburg, wurde in vielen Fällen geflissentlich übersehen.

Plädoyer für Einheitsgemeinden

Die Kommission machte keinen Hehl daraus: Sie hielt die Einheitsgemeinde mit Rat, Verwaltungsausschuss und Gemeindedirektor in alleiniger Zuständigkeit für das ganze Gemeindegebiet für die beste Lösung. So würde die größte Verwaltungskraft erreicht. Schon während der Arbeit der Kommission zeigte sich jedoch, dass diese Position auf zu starke Widerstände stieß. Im Normalfall gab es ja je Einheitsgemeinde einen Ort, der sich allein schon aufgrund seiner Größe, aber auch seiner Geschichte als Zentrum der Einheitsgemeinde anbot. Alle anderen Gemeinden müssten sich also „eingemeinden" lassen, würden „geschluckt", verlören „ihre Existenz", wie vielfach formuliert wurde. Auch im Raum Buchholz wurde so argumentiert (vgl. Kapitel 8).

Rund um die Sprötzer Berge sollte erheblicher Wohnungsbau ermöglicht werden.

Die Kommission entwickelte eine Kompromisslösung. Sie blieb bei den Einheitsgemeinden, hielt sie jedoch nur im Umland der größeren niedersächsischen Städte sowie im Umland von Hamburg und Bremen für zwingend. Wie weit die Umlandzonen reichen sollten, wurde dabei offen gelassen. Weitab in den ländlichen Räumen wären dagegen auch Samtgemeinden zulässig.

Den Einheitsgemeinden wurde – so die Kommission – freigestellt, Ortschaften mit Ortsratsverfassung oder Ortsvorstehern zu bilden. Damit konnte auf die ehemals selbständigen Gemeinden mit ausgeprägtem Eigenständigkeitsbedürfnis zugegangen werden. Die Kommission schlug allerdings vor, dass je Einheitsgemeinde nicht mehr als 10 solcher Ortschaften gebildet werden sollten. Zudem sollte die Größe dieser Ortschaften bei mindestens 400 Einwohnern liegen.

Samtgemeinden

Die Alternative zur Einheitsgemeinde war die „Samtgemeinde", allerdings nach Auffassung der Kommission mit deutlich reformierter Konstruktion. Denn in der Niedersächsischen Gemeindeordnung (NGO) – also letztlich der Kommunalverfassung – gab es Samtgemeinden schon und zwar seit einer Novelle im Jahre 1963. Gemeinden konnten sich also mit dem Ziel zusammenschließen, eine gemeinsame Verwaltung aufzubauen, die einen großen Teil der Gemeindeaufgaben von den Mitgliedsgemeinden übernehmen würde. Eine Samtgemeinde war also eine Art von Verwaltungsgemeinschaft und zwar ohne einen direkt gewählten Rat. Im Jahre 1967 wurden die entsprechenden Paragraphen der NGO jedoch bis zum Abschluss der Gebietsreform ausgesetzt. Ausnahmsweise konnten allerdings auch dann noch Samtgemeinden gegründet werden und zwar unter der Voraussetzung, dass sie sich rund um einen Zentralen Ort anordneten (vgl. Kapitel 6).

Und so entstand am 1. März 1971 mit Tostedt die erste Samtgemeinde im Landkreis Harburg (etwas später auch die Samtgemeinde Salzhausen). Tostedt als Grundzentrum war gesetzt, Otter, Kampen, Königsmoor und Todtshorn schlossen sich an. Zu diesem Zeitpunkt war allerdings schon klar, dass es dabei nicht bleiben würde. Mit der Gebietsreform 1972 wurde die Samtgemeinde Tostedt um Dohren, Handeloh, Heidenau, Kakenstorf, Welle und Wistedt erweitert, während gleichzeitig in der NGO die Stellung des Samtgemeinderates – nämlich nun direkt gewählt – und des Samtgemeindedirektors deutlich gestärkt wurde. Tostedt riss nicht einmal die Empfehlung der Kommission, je Samtgemeinde nur maximal 10 Mitgliedsgemeinden zuzulassen. Mehrere Gemeinden schlossen sich noch zusammen, so dass Tostedt heute neun Mitgliedsgemeinden zählt. Die Bildung der Samtgemeinde lief weitgehend reibungslos.

Nur Todtglüsingen fühlte sich vergessen. Es wurde nicht, wie eigentlich erwartet, Mitgliedsgemeinde der Samtgemeinde Tostedt. Es wurde nach Tostedt ein-

Das alte Tostedter Rathaus wurde 1971 zugleich das Domizil der Samtgemeindeverwaltung.

Schmerzerfüllt geben die Unterzeichneten die tieftraurige Nachricht von dem Dahinscheiden ihres geliebten Kindes, der selbständigen Gemeinde

Todtglüsingen

bekannt.

Dieselbe wird am Sonnabend, dem 1. Juli 1972 nach langem, glücklichen und schaffungsreichen Leben an einer schweren Operation, versehen mit den salbungsvollen Reden der Minister und Politiker, ergeben in denWillen des Landtages in Hannover, im 740. Lebensjahr verscheiden.
Die Begräbnisfeierlichkeiten mit Tanz beginnen am 30. Juni 1972, 20 Uhr, im Gasthaus Wiechern.

Ortsteil Todtglüsingen, im Juni 1972

Bürgermeister	**Gemeinderat und Vereine**	**Bürger**
als Vater	als Verwandtschaft	als Sippe

Im Rahmen der „Beerdigungsfeierlichkeiten" wurde in der letzten Juniwoche 1972 diese Traueranzeige geschaltet.

gemeindet, wofür durchaus einiges sprach. Denn Tostedt und Todtglüsingen waren auf breiter Front miteinander in der Siedlungsentwicklung verwachsen. Wie dem auch sei: Am 30. Juni 1972 wurde die Gemeinde Todtglüsingen in einem Sarg auf einem Pferdefuhrwerk quer durchs Dorf „zu Grabe getragen".

Fast zeitgleich gibt es auch in den anderen Ländern Gemeindegebietsreformen

Selbstverständlich ging jedes Land in der Gebiets- und Verwaltungsreform seinen eigenen Weg. Dies war bei den unterschiedlichen Ausgangsbedingungen nicht anders zu erwarten. Aber natürlich liefen ähnliche Debatten. Die erste von zwei nordrhein-westfälischen Sachverständigenkommissionen definierte die Größenuntergrenze nichtstädtischer Gemeinden bei 8.000 Einwohnern. Auf dieselbe Größe einigte man sich in Baden-Württemberg.

Mehrere Länder erlaubten deutlich kleinere Gemeinden, fassten die Verwaltungen jedoch in „Verwaltungsgemeinschaften" (Bayern), „Verbandsgemeinden" (Rheinland-Pfalz) oder „Ämtern" (Schleswig-Holstein) zusammen. Dabei galten dann auch wieder Größenuntergrenzen in ähnlicher Größenordnung, bei den schleswig-holsteinischen Ämtern z. B. bei 5.000 Einwohnern, wobei eine Kommission hier sogar 10.000 Einwohner vorgeschlagen hatte. Allen hier genannten Lösungen war gemeinsam, dass bei den jeweiligen Kommunalwahlen nur die Räte und Bürgermeister der Mitgliedsgemeinden gewählt wurden. Auf der Ebene der Gemeinschaften gab es nur Gremien oder Funktionsträger, die nach dem Proportionalprinzip benannt wurden.

Im Ergebnis zeigte sich, dass allein Schleswig-Holstein auf eine systematische und flächendeckende Gemeindegebietsreform verzichtete. Hier kam es zu Einzelzusammenschlüssen, wie in Norderstedt, auf Sylt oder auf Fehmarn. Oder es wurden Ämter zusammengelegt. Rheinland-Pfalz wurde 1972, Hessen und das Saarland wurden 1974 fertig, Baden-Würt-

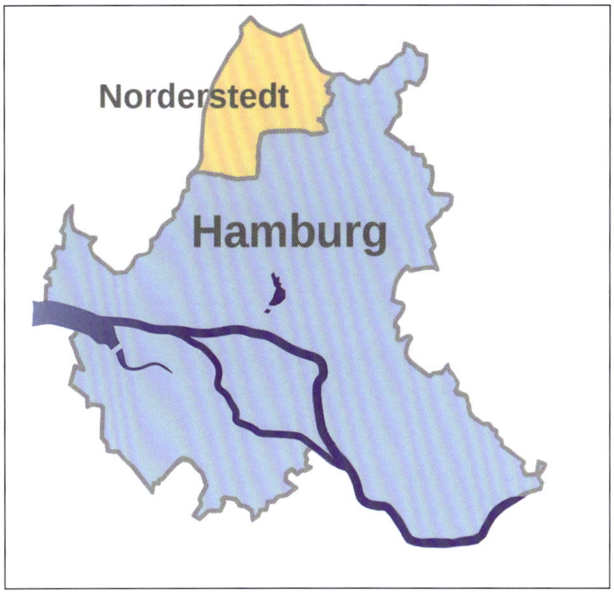

Norderstedt ist in Schleswig-Holstein das spektakulärste Beispiel einer isolierten Gemeindezusammenlegung, anfangs mit ca. 60 000 Einwohnern. Entsprechende Größenordnungen können im südlichen Hamburger Umland kaum erreicht werden, da die Bevölkerungsdichte deutlich niedriger liegt.

temberg schaffte es 1975. In Nordrhein-Westfalen standen 1975 nur noch einzelne Gerichtsentscheidungen aus. Bayern schließlich konnte 1980 einen Schlussstrich ziehen.

In einigen Ländern spielt die Freiwilligkeit eine größere Rolle

Wieviel Mitspracherecht hatten die Gemeinden bei der Neugliederung? In allen Ländern war klar: Wenn man Gemeinden nur im Konsens neu zuschneiden wollte, hätte man wenig Erfolg. In Kapitel 8 ist beschrieben, wie die Meinungen bei den Buchholz benachbarten Gemeinden auseinander gingen. Und das war nur eins von vielen Beispielen.

Alle Bundesländer – mit Ausnahme von Schleswig-Holstein – begannen also mit der Feststellung, dass an einer Gemeindegebietsreform kein Weg vorbeiführte. Vier Länder führten nun eine erste Phase ein, in der sich Gemeinden freiwillig zusammenlegen konnten, immer mit der klaren Aussage, dass andernfalls das Land handeln müsste. In Rheinland-Pfalz hatten die Gemeinden in den ländlichen Räumen zwei Jahre Zeit, sich freiwillig zu Verbandsgemeinden zusammenzuschließen. Ähnlich ging Hessen vor. Auch hier waren freiwillige Gemeindezusammenschlüsse bis 1971 möglich. Dies wurde dadurch gefördert, dass bestimmte Anreize im kommunalen Finanzausgleich gewährt wurden, z. B. durch die Garantie, dass die zusammengelegte Gemeinde nicht schlechter gestellt würde als die Summe der Zahlungen, die vor dem Zusammenschluss gezahlt wurden. Baden-Württemberg ging fast genauso vor. Hier hatten die Gemeinden für freiwillige Lösungen sechs Jahre Zeit. Bei erfolgreichen Zusammenschlüssen wurden Sonderzuschüsse im Kommunalen Finanzausgleich gezahlt. Und auch in Bayern gab es eine erste freiwillige Phase der Gemeindegebietsreform.

In allen vier Ländern war jedoch eine stabile Notbremse eingebaut. Falls die freiwilligen Zusammenschlüsse immer noch zu klein ausfielen oder zu unsinnigen Ergebnissen in der Umgebung führten, z. B. einzelne kleine Gemeinden so abhängten, dass sie sich gar nicht mehr sinnvoll mit anderen Gemeinden zusammenfinden konnten, mussten in der landesweiten Schlussrunde noch einmal Änderungen vorgenommen werden können. Von dieser Regel musste in allen vier Ländern mehrfach Gebrauch gemacht werden. Insgesamt hielt sich die Freiwilligkeit also in Grenzen, die allerdings klar definiert waren.

Wie läuft es eigentlich damals in der DDR?

Eine umfassende Gemeindegebietsreform blieb in der DDR aus. Zwar existierten Gemeinden als Verwaltungsebene. Darin gab es Bürgermeister, die selbstverständlich nach dem in der DDR geltenden Wahlrecht gewählt wurden (Gegenkandidaten bekamen also keine Chance). Die Aufgaben waren aber andere und vor allem weniger. Zum einen bestand die hierarchische Parallelstruktur der SED, deren Funktionsträger in zahlreichen Aufgabenbereichen das Sa-

Dies Bild aus einem DDR-Kindergarten stammt aus dem Jahre 1975. Reihenklos waren pädagogisches Prinzip.

gen hatten. Zum anderen war die Leistungsverwaltung in der gesamten Gesellschaft anders organisiert. Wenn es um Schulen, Kindergärten, Senioreneinrichtungen, Sportanlagen etc. ging, hatten die Volkseigenen Betriebe, die Landwirtschaftlichen Produktionsgenossenschaften, die Gewerkschaften, aber auch die Volkspolizei oder die Nationale Volksarmee eigenständig Aufgaben zu erledigen, die sich mit denen der Gemeinden überschnitten.

Insgesamt war also der Reformbedarf deutlich kleiner. Wenn Gemeindegrenzen bei der Verwaltungsarbeit störten, so wurden interkommunale Verbände gegründet, wie dies ja auch in der Bundesrepublik der Fall war. Von Seiten der SED hatte man mit kleinen und kleinsten Gemeinden kein Problem. Das Bekenntnis zur „sozialistischen Demokratie" und darin auch zur „Heimatpflege" war argumentativ fast automatisch auch mit dem Bekenntnis zu kleinen Gemeinden verbunden.

Daraus entwickelte sich der – auch bewusst als Gegensatz zur „westdeutsch-kapitalistischen" Gebiets- und Verwaltungsreform formulierte – Kernsatz „Kooperation statt territorialer Konzentration". Gebietsreform war ersetzbar durch, um nur einige Schlagworte zu nennen, grenzüberschreitende „Kommunalverträge" und „Interessengemeinschaften", die „sozialistische Gemeinschaftsarbeit" organisierten.

Bei der Kreisreform greift die Kommission mit ihrem Vorschlag für den Landkreis Harburg daneben

Der Bericht der Weber-Kommission enthielt den Vorschlag, den Landkreis Harburg aufzulösen und dem neuen Landkreis Lüneburg zuzuordnen, dann unter Einschluss der Stadt Lüneburg, die ihre Kreisfreiheit aufgeben sollte. Lediglich Neu Wulmstorf und Hollenstedt sollten zum Landkreis Stade geschlagen werden, der seinerseits um den Kreis Land Hadeln zu vergrößern wäre. Als Detailvariante hielt die Kommission es auch für möglich, Buchholz und Tostedt in den neuen Landkreis Stade einzubeziehen.

Die Zerteilung des Landkreises Harburg wurde in der Kommission intensiv und wohl auch kontrovers diskutiert. Die Argumente dafür hingen mit der direkten Nachbarschaft zu Hamburg zusammen. Die seit den 1950er Jahren dynamische Entwicklung im Hamburger Umland wäre, so wurde argumentiert, längst weit über den Landkreis Harburg hinaus Richtung Lüneburg und Stade gegangen. In der regionalplanerischen Zusammenarbeit mit Hamburg brauchte es starke Gesprächspartner auf der niedersächsischen Seite. Da wäre es besser, Hamburg hätte es mit nur zwei anstatt drei Landkreisen zu tun.

Diese Fassung des Harburg-Pakets aus dem Dezember 1971 enthält bereits die endgültigen Grenzziehungen, nicht allerdings die endgültigen Namen. So heißt Rosengarten noch Nenndorf und Seevetal noch Seevestedt.

Diese Vorschläge stießen im Landkreis Harburg und in seinen Gemeinden nicht auf Gegenliebe. Immerhin war der Landkreis vor der Gebietsreform mit 145 000 Einwohnern (1970) der größte aller Landkreise in den Regierungsbezirken Lüneburg und Stade. Und die Zusammenarbeit mit Hamburg lief reibungslos. Man übte schließlich schon seit 1958 (vgl. Kapitel 6). Da hielt man sich nicht für einen zu schwachen Partner in der Gestaltung der späteren Metropolregion Hamburg. Im Übrigen hatte die Kreisverwaltung auch nach der Verwaltungsreform sehr viele Aufgaben, die nichts mit der Regionalplanung zu tun hatten. Da wären die Wege zu den Kreissitzen, z. B. von Tostedt oder von Handeloh nach Lüneburg, einfach zu lang gewesen. Die Proteste wurden auf allen Ebenen so intensiv, dass sich die Landesregierung entschloss, diesen Vorschlag der Kommission nicht aufzugreifen.

Das Harburg-Gesetz

Niedersachsen entschied sich dafür, die kommunale Gebietsreform, also den Neuzuschnitt der Landkreise und Gemeinden, nicht landesweit in einem Aufwasch, sondern auf regionaler Ebene abschnittsweise Region für Region zu diskutieren und zu beschließen. Im Landtag ging es in der ersten Hälfte 1972 los und zwar mit dem „Harburg-Gesetz", dem „Harz-Gesetz", dem „Cuxhaven/Stade-Gesetz" und dem „Osnabrück-Gesetz". 1973 ging es im oberen Leinetal weiter. 1974 folgten die Großräume Hannover und Braunschweig. Und 1977 wurden mit dem „achten Gesetz zur Verwaltungs- und Gebietsreform" die verbleibenden Teile des Landes Niedersachsen abgearbeitet.

Anfang 1972 musste sich die Landesregierung also spätestens entscheiden, wie sie mit den Ergebnissen der „Weber-Kommission" umgehen wollte. Schon Mitte 1971 wurden die betroffenen Regionen, also auch der Landkreis Harburg, mit einem Entwurf zur Neuordnung konfrontiert und um Stellungnahmen gebeten (vgl. Kapitel 8). Dabei zeigte sich, dass die Empfehlungen der „Weber-Kommission" sehr ernst genommen wurden. Die Gemeindegrößenuntergrenze von 7000 bis 8000 Einwohnern wurde nur selten unterschritten. Samtgemeinden wurden in der Nachbarschaft größerer Städte sowie von Hamburg und Bremen nicht zugelassen. Ortschaften in Einheitsgemeinden, also mit eigenem Ortsrat und Ortsbürgermeister, mussten mindestens 400 Einwohner umfassen. Mitgliedsgemeinden von Samtgemeinden mussten ebenfalls diese Größe aufweisen.

Alle diese Regeln hatten auch unmittelbare Bedeutung für den Landkreis Harburg und darin für Buchholz und Umgebung. Die sehr kleine Gemeinde Holm ging in der neugebildeten Ortschaft Holm-Seppensen auf (vgl. Kapitel 9). Reindorf wurde zwar Ortschaft, erhielt aber keinen Ortsrat, sondern einen Ortsvorsteher oder eine Ortsvorsteherin. Bötersheim konnte nicht Mitgliedsgemeinde der Samtgemeinden Tostedt oder Hollenstedt werden, sondern wurde nach Kakenstorf eingemeindet und so Teil der Samtgemeinde Tostedt. Einheitsgemeinden wurden Buchholz und Winsen sowieso, aber auch Neu Wulmstorf, Rosengarten (die ersten Monate noch „Nenndorf"), Seevetal und Stelle. Alle weiteren Gemeinden des Landkreises Harburg durften sich entscheiden: Wollten sie Einheitsgemeinde oder Samtgemeinde werden? Das Ergebnis war mehr als deutlich. Alle entschieden sich für die Samtgemeindevariante. Spätere Revisionen waren möglich, sind jedoch bisher im Landkreis Harburg noch nirgends vorgenommen worden.

8 - Eingemeindung nach Buchholz? Alles – nur das nicht!

Ein besonderer Termin in Sprötze

Herr Gosselk aus Berlin kam im Frühjahr 1969 zu einem vertraulichen Gespräch zu Werner Böhring, dem Sprötzer Bürgermeister. Er vertrat eine Berliner Interessengruppe, die Standortalternativen in Norddeutschland für eine große Produktionsstätte eines namhaften Konzerns einschließlich großer zugeordneter Wohngebiete prüfen wollte. Um welchen Konzern es sich handelte, verriet Herr Gosselk nicht. Bei einer allerersten Grobanalyse, mit der Herr Gosselk die Berliner S.A.L.Planungsgruppe beauftragt hatte, war der Blick auch auf das Straßenkreuz der Bundesstraßen 3 und 75 gefallen. Dies lag zwar auf Trelder Gemeindegebiet. Aber Sprötze war der nächste größere Ort, zudem mit Bahnanschluss.

Werner Böhring gab sich locker, war jedoch elektrisiert. Seit 1965 wurde in Niedersachsen konkret über eine umfassende Verwaltungs- und Gebietsreform diskutiert. Wie schon in Kapitel 7 beschrieben, wurde am 29. November 1965 die „Sachverständigenkommission zur Gebiets- und Verwaltungsreform in Niedersachsen" unter dem Vorsitz des Göttinger Verwaltungsjuristen Prof. Dr. Werner Weber (sog. „Weber-Kommission") eingesetzt. Spätestens seit 1967 war klar, dass Buchholz dabei neben Winsen eines der beiden Zentren („zu entwickelnde Mittelzentren") im Landkreis Harburg werden würde. Seitdem waren fast alle Nachbargemeinden von Buchholz dabei, sich zu überlegen, wie sie an einer Eingemeindung nach Buchholz vorbeikommen könnten. Sofort war dem Sprötzer Bürgermeister klar, dass ein solches Projekt dabei eine sehr große Hilfe sein könnte.

Kaum jemand mag Buchholz

Werner Böhring war auf Buchholz nicht gut zu sprechen, um es vorsichtig auszudrücken. Er und mit ihm eine klare Mehrheit in Sprötze mieden Buchholz, wie und wo es nur ging. Und das ließ sich im täglichen Leben relativ leicht machen. Im Grunde war man nur bei den weiterführenden Schulen und beim Krankenhaus auf Buchholz orientiert. Immer wieder wies Werner Böhring darauf hin, dass Sprötze ja nicht einmal auch nur einen einzigen Meter gemeinsamer Grenze mit Buchholz hätte. Die Entfernung zwischen den Ortszentren läge bei sechs Kilometern. Spezialisierte Geschäfte, Handwerker und Ärzte hätte Sprötze durchaus reichlich. Da wäre es gar kein Wunder, dass man kaum etwas miteinander zu tun hätte. Sprötze wäre bei einer Gebietsreform kein Übernahmekandidat.

Und Herr Gosselk aus Berlin bot nun womöglich eine Chance, sich so „groß zu machen", dass dies auch jeder Ministerialrat in Hannover einsehen müsste. Auch in fast allen anderen an Buchholz angrenzenden Gemeinden war man sehr reserviert, was eine eventuelle Eingemeindung betraf. Buchholz galt im Landkreis als Paradebeispiel einer völlig zersiedelten unorganisch gewachsenen Stadt, die wie ein zu groß geratenes Dorf mit rückständiger Infrastruktur wirkte. Und: Buchholz galt in seinem Kern als hässlich.

Herr Gosselk aus Berlin sprach vermutlich auch mit Vertretern von Trelde und Steinbeck, möglicherweise auch mit dem Buchholzer Stadtdirektor. In den Archiven findet man dazu allerdings nichts. Das Interesse war jedenfalls überall groß, was nicht wunderte. Es sollte um bis zu 10 000 Arbeitsplätze und um 15 - 20 000 Einwohner gehen. Auch ein Name existierte schon, nämlich „Elekta", der allerdings eher ein Arbeitstitel war. Die Planer analysierten an den Bundesstraßen 3 und 75 drei verschiedene Lagevarianten. Eine lag um das heutige Gewerbegebiet I, eine weitere – und für Sprötze besonders interessante – um

Diese Gebäude standen in der Hamburger Straße ungefähr gegenüber vom heutigen Rathaus. Die Gebäude gehörten der Familie Welle.

Heute befinden sich hier Läden, Büros und Arztpraxen, typisch für ein Mittelzentrum.

Dies Gebäude stand gegenüber dem heutigen Kirchengemeindehaus St. Paulus auf der anderen Seite der Kirchenstraße (Nr. 7).

Heute steht hier der Gebäudekomplex mit unter anderem der Stadt-Apotheke.

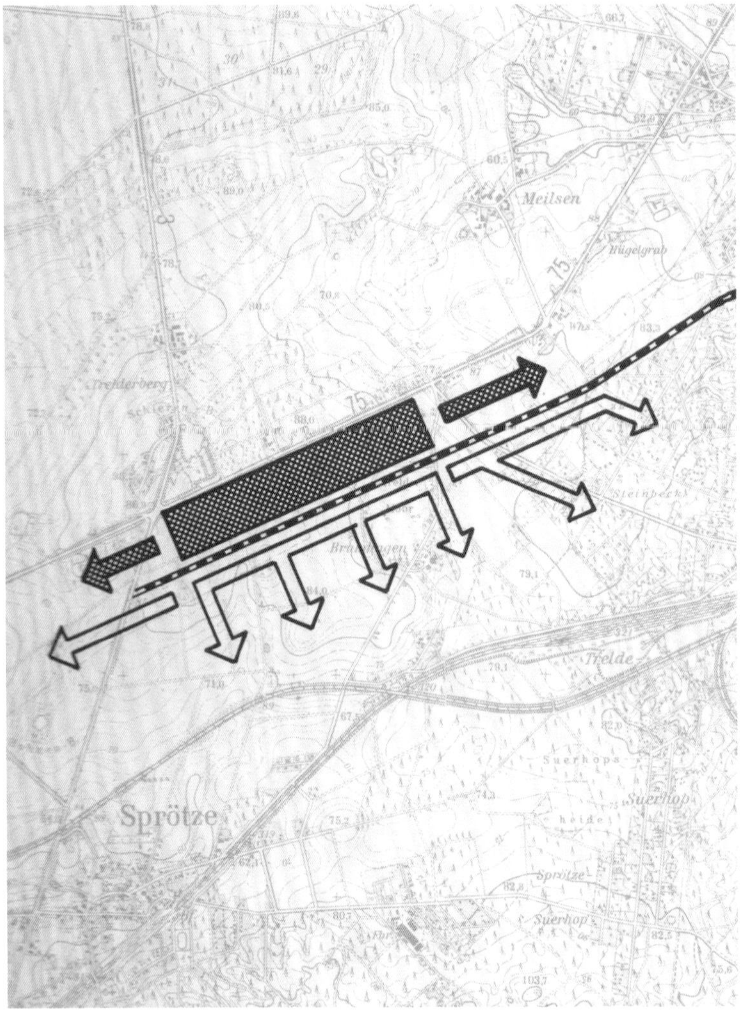

Beim Grobvergleich der Elekta-Alternativen an B75 und B3 schnitt der Standort rund um die Kreuzung am Trelder Berg am besten ab. Die untersuchten Flächen zogen sich bis zum heutigen Landgasthof Hoheluft.

das heutige Gewerbegebiet III am Trelder Berg. Eine dritte Vergleichsvariante lag um das heutige Gewerbegebiet am Eingang nach Tostedt. Bald entschieden sich die Gutachter für ein Areal zwischen Trelder Berg und Hoheluft, ergänzt durch weite Areale nördlich und südlich davon. Es sollte eine Art „Bandstadt“ entstehen, wie dies zu dieser Zeit auch z. B. in den USA diskutiert wurde – ein breiter Streifen in der Mitte mit industriellen Produktionsstätten, flankiert von Wohngebieten unterschiedlichster Art, gegeneinander abgesetzt durch Grünzonen.

Elekta und die Ostpolitik der Regierung Brandt/Scheel

Die S.A.L.Planungsgruppe fertigte den Entwurf eines vollständigen Flächennutzungsplans an. Das Planungsteam wurde übrigens von Dr. Klaus Töpfer beraten, der am renommierten Zentralinstitut für Raumplanung in Münster angestellt war und für S.A.L. im Rahmen einer Nebentätigkeit arbeiten durfte. Damals war er gerade 31 Jahre alt und hatte noch eine große Karriere vor sich, u. a. als Bundesumweltminister und als Chef des UN-Umweltprogramms mit Sitz in Nairobi. Klaus Töpfer wusste als gelernter Raumplaner selbstverständlich, dass eine neue Stadt dieser Größenordnung nur ernsthafte Chancen auf Verwirklichung hatte, wenn sie in das System der Zentralen Orte in Nordniedersachsen hineinpasste. Buchholz als Mittelzentrum lag beinahe in Sichtweite. Also wurde vorgeschlagen, einen Planungsverband zwischen allen beteiligten Gemeinden unter Einschluss von Buchholz zu gründen.

Dies gestaltete sich nun jedoch schwierig. Werner Böhring und mit ihm der Sprötzer Gemeinderat erklärten sich zwar bereit mitzumachen. Sie forderten zuerst allerdings, dass der zu gründende Planungsverband nur die Flächen umfassen sollte, die konkret für Elekta gebraucht würden, nicht also die gesamte Gemeinde Sprötze sowie die Gemeinden Trelde und Steinbeck und außerdem die gesamte Stadt Buchholz. Nur dies war jedoch planungsrechtlich möglich. Damit sank das Interesse von Sprötze erheblich, denn dann war unvermeidlich, dass Elekta wenn überhaupt, dann nur unter der Überschrift „Buchholz“ eine Chance hatte. Ende 1970 verweigerten die Regionalplaner bei der Regierung in Lüneburg jedoch endgültig

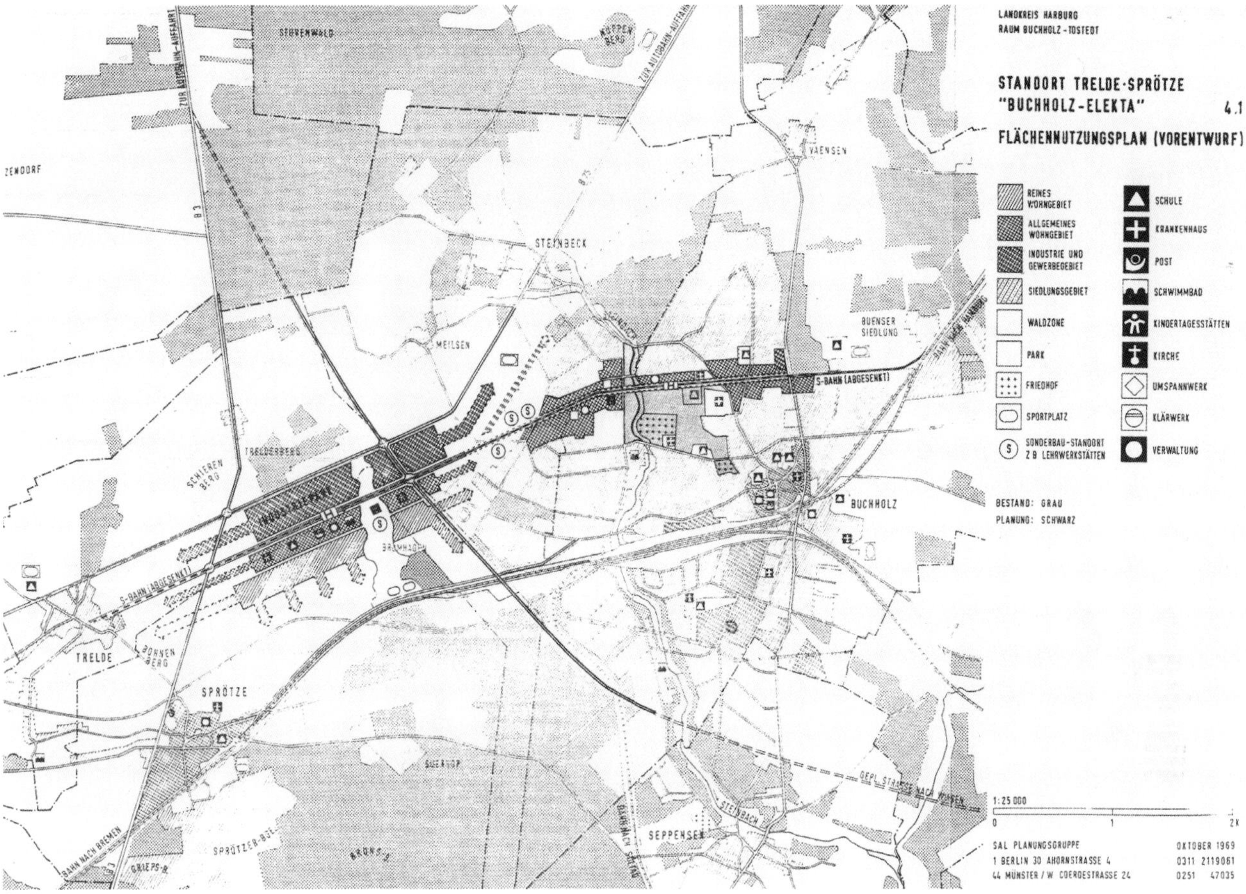

Der Vorentwurf für einen Flächennutzungsplan reichte von Sprötze und Trelde bis Steinbeck und Buchholz. Und als Name wurde „Buchholz-Elekta" gewählt. Das war erforderlich, um die Zustimmung der Regionalplanung zu erhalten, die es dann aber doch nicht gab. Das Interesse von Sprötze sank nun drastisch. Elekta wurde auf einmal zu einem Argument für die Eingemeindung von Sprötze und Trelde nach Buchholz!

ihre Zustimmung. Und parallel kommt aus Berlin die Nachricht, dass Elekta vorläufig nicht weiterverfolgt werden sollte. Schon einige Zeit wurde gemunkelt, dass Siemens hinter den Elekta-Aktivitäten steckte. Nun wurde deutlich, dass Siemens noch im Jahre 1969 sehr große Sorgen wegen vielleicht erneut wachsender Spannungen zwischen Ost und West hatte und deshalb eine Verlagerung seiner Berliner Produktionsstätten in den Westen zumindest prüfen wollte. Schon 1970 wurde die Ostpolitik der Regierung Brandt/Scheel jedoch sehr konkret. Es wurden im August der Moskauer Vertrag und im Dezember der Warschauer Vertrag geschlossen. Dies führte zu einer deutlichen Entspannung zwischen Ost und West. Siemens beendete daraufhin die Elekta-Aktivitäten. S.A.L. und Sprötze machten noch einen Versuch, das Projekt weiterzuführen, der aber nichts erbrachte.

„Vierdörfer"

Der Widerstand gegen Eingemeindungen nach Buchholz musste nun also auf Argumente im Zusammenhang mit Elekta verzichten. Sprötze und Trelde setzten nun umso konsequenter auf die Vierdörfer-Lösung, in die im Übrigen ursprünglich auch Elekta integriert werden sollte. Schon bis ins Jahr 1900 bildeten Sprötze, Trelde, Drestedt und Kakenstorf eine zusammenhängende Gemeinde mit Sitz in Trelde. Sprötze schied zur Jahrhundertwende allerdings aus, weil es davon ausging, allein besser zurechtzukommen. Das Verhältnis der vier Gemeinden wurde dadurch sehr belastet. Im Jahre 1921 wurden z. B. zwei getrennte Schützenvereine gegründet, einer für „Sprötze und Kakenstorf" und einer für „Trelde und Umgebung", der auch Drestedt umfasste. Kakenstorf legte sich allerdings nicht fest. Es taucht auch beim Trelder Schützenverein mit seinem Wappen im Kreis der beteiligten Gemeinden auf.

Nun aber sahen alle vier Gemeinden wieder eine große, alles überlagernde Zukunft. Zwar erreichten sie mit ca. 3500 Einwohnern nicht annähernd die vom Innenministerium vorgegebene absolute Untergrenze von 5000 Einwohnern. Zudem sollte sie auch nur in so dünn besiedelten Regionen wie dem Emsland oder dem Hannoverschen Wendland Anwendung finden. Werner Böhring argumentierte jedoch mit dem erheblichen Wachstum der vier Gemeinden in den 1960er Jahren und den umfangreichen Bebauungsplänen, die gerade in der Vorbereitung wären (vgl. Kapitel 7).

Die größten dieser Bebauungspläne waren die B-Pläne „Lohbergen West" und „Lohbergen Ost". Sie umfassten ein Areal von mehr als zwei Quadratkilometern. Die Grenzen der beiden Plangebiete wurden (heutige Straßennamen) im Westen von der B3, im Norden von „An der Bahn" und Königstraße,

Das Heimatmuseum „Vierdörfer Dönz" steht in der Niedersachenstraße in Sprötze. Der Heimatmuseumsverein „Vierdörfer Dönz e. V." informiert hier über alles, was die gemeinsame Geschichte der „Vierdörfer" Sprötze, Trelde, Kakenstorf und Drestedt betrifft.

Die Kakenstorfer Schützen konnten ihr 75-jähriges Jubiläum 1996 zweimal feiern, einmal im Schützenverein Sprötze-Kakenstorf und einmal im Schützenverein Trelde und Umgebung. Auf dem Jubiläumsbierkrug sind die Wappen der „umgebenden" Gemeinden abgebildet, Kakenstorf ist dabei. Auch die 100-jährigen Jubiläen im Jahre 2021 sollten entsprechend begangen werden. Corona brachte aber einiges durcheinander.

im Osten vom unteren Abschnitt des Brunsbergweges sowie Föhrengrund, Dependahl und „Am spitzen Stein", schließlich im Süden von der damaligen Sprötzer und heutigen Buchholzer Gemeindegrenze gebildet. Mit diesen B-Plänen (die Grenze zwischen beiden Plangebieten lag auf der Kirchenallee) war zweierlei beabsichtigt. Zum einen sollte in einer sehr lockeren Einfamilienhausbebauung Bauland für 500 bis 1000 neue Einwohner geschaffen werden. Zum anderen aber sollten die vor allem in „Lohbergen Ost" schon seit langem verstreut liegenden Wohnhäuser legalisiert werden. Schriftliche Baugenehmigungen fehlten nämlich vielfach. Dessen ungeachtet waren an vielen Stellen respektable Villen entstanden. Das B-Plan-Verfahren zog sich nun über die Gebietsreform hinweg und kam nicht voran. Schließlich wurde es durch einen Paukenschlag der Regionalplaner in Lüneburg beendet. Man wusste zwar, dass die B-Plan-Gebiete in einem Landschaftsschutzgebiet lagen. Man hatte aber übersehen, dass sie damit in einem Schutzgebietstyp geplant wurden, in dem grundsätzlich keine B-Pläne für Wohnbebauung aufgestellt werden durften. Die Verwaltung der Stadt Buchholz brauchte nun wegen zeitraubender Gerichtsverfahren mehr als 20 Jahre, um die Rechtsunsicherheit für die illegalen Wohnhäuser zu beenden. Lediglich in einem einzigen Fall kam es tatsächlich zum Abriss einer großen Villa (vgl. Kapitel 2).

„Lohbergen" und „Seevetal"

Auch eine größere Lösung, nämlich eine Samtgemeinde „Lohbergen" wurde intensiv debattiert. Diese Gemeinde sollte im Kern aus den Anrainern am Lohbergenforst bestehen, also Seppensen, Lüllau, Holm und die Vierdörfer umfassen und möglichst auch Handeloh, Welle und Schierhorn einbeziehen. In der Tat wiesen diese Gemeinden viele Gemeinsamkeiten auf, vom ländlichen Charakter bis hin zu der Tatsache, dass alle im Regionalen Raumordnungsprogramm mit besonderen Aufgaben in der Erholung, dem Tourismus und teilweise auch dem Naturschutz betreut waren. Und im September 1970 war auch die erste asphaltierte Direktverbindung zwischen Sprötze und dem Bahnhof Holm-Seppensen dem Verkehr übergeben worden, ohne die man sich kaum für eine Samtgemeinde „Lohbergen" hätte einsetzen können.

Im Osten und Südosten von Buchholz wurde über eine Gemeinde „Seevetal" verhandelt, wobei sich

Mit der Eröffnung der Straße zwischen Sprötze und Holm-Seppensen im Jahre 1970 wurden der landschaftlich sehr reizvolle Lohbergenforst erschlossen und eine bis dahin fehlende Direktverbindung zwischen den Tälern der Este und der Seeve geschaffen.

Die Seeve fließt unmittelbar am alten Jesteburger Dorfzentrum vorbei.

Harburg-Paket des Innenministeriums:

Landkreis mit elf Super-Gemeinden

Bis zu 27 000 Einwohner

th. Winsen/Hannover, 27. Mai

● Eine grundlegende Umstrukturierung der untersten Verwaltungsebene soll nach Ansicht des niedersächsischen Innenministers Lehners im Landkreis Harburg neue schlagkräftige Verwaltungseinheiten schaffen. Statt 138 Gemeinden soll es nach Abschluß der Gebietsreform auf Gemeindeebene nur noch elf große Gebietskörperschaften geben. Das geht aus dem Diskussionsvorschlag des Innenministers für die gemeindliche Neuordnung im Kreis Harburg, dem sogenannten Harburg-Paket, hervor.

● Wie die HAN bereits berichteten, sollen die zahlreichen kleinen Gemeinden zu elf Großgemeinden mit bis zu fast 27 000 Einwohnern zusammengefaßt werden, darunter das Horster Dreieck mit 25 600 Einwohnern, das bisher unter dem Arbeitstitel „Süderstedt" geführt wurde.

● Trotz der überraschenden Gemeindegrößen vertritt das Innenministerium die Auffassung, daß es sich hierbei nicht um Extreme handelt. Wie Minister Lehners in einem Interview mit den HAN erklärte, müsse in dem Problemgebiet des Landkreises Harburg von solchen Zuschnitten ausgegangen werden, da anders eine sinnvolle Zuordnung nicht durchführbar wäre. (Siehe auch Seite 19)

Am 27. Mai 1971 titelten die Harburger Anzeigen und Nachrichten mit der Neugliederung des Landkreises Harburg. Es blieb allerdings nicht bei der Zahl elf. Im Dezember 1971 kam noch Jesteburg dazu (vgl. Kapitel 7).

dieser Name auf vollkommen andere Ortschaften bezog, als man sie heute in Seevetal findet. Anders als dort passte der Name im „ersten“ Seevetal viel besser, da die Seeve tatsächlich fast durch alle Orte hindurchfloss. Es ging um Jesteburg sowie Richtung Norden um Itzenbüttel, Bendestorf, Harmstorf, Helmstorf und Lindhorst, Richtung Süden dann um Lüllau, Seppensen, Holm und Schierhorn, Erweiterungen nicht ausgeschlossen. Nördlich eines solchen „Seevetal“ konnte man sich Gemeindezusammenschlüsse wie „Buchwedel“ oder auch „Süderstedt“ bzw. „Seevestedt“ vorstellen. Seppensen und Holm fanden eine solche Samtgemeinde „Seevetal“ ausgesprochen attraktiv.

Bei all diesen Konzepten war allerdings eins unausgesprochen klar: Für Buchholz wäre nicht viel übrig geblieben. Das passte nicht dazu, dass die Landesregierung in ihrem neuen Landesraumordnungsprogramm, das auch gerade vorbereitet wurde, unmissverständlich Buchholz zum Mittelzentrum erklären wollte. Lediglich Steinbeck verständigte sich nun bilateral mit seinem Nachbarn, was sich ohnehin schon die ganze Zeit anbot. Denn die beiden Gemeinden waren auf breiter Front miteinander zusammengewachsen. Blieb noch Dibbersen. Es lag allerdings sehr nahe an Nenndorf und nahm schon seit 1967 an Absprachen im sog. „Nenndorfer Bezirk“ teil. Dazu zählten sich neben Nenndorf auch Eckel und Klecken sowie Iddensen und wohl auch die weiteren Gemeinden, die heute zu Rosengarten gehören. Andererseits gehörte Dibbersen zum Einzugsbereich der Buchholzer Realschule. Insgesamt vertrat Dibbersen keine Position, die ausdrücklich gegen Buchholz gerichtet war. Buchholz wiederum setzte sich dafür ein, dass Dibbersen und dazu auch Eckel und Klecken Teil des Mittelzentrums wurden, was hingegen die Eckeler und Klecker Gemeinderatsmitglieder als „geradezu lachhaft“ empfanden.

Hannover macht ernst

Es wäre also für das Mittelzentrum Buchholz nur Steinbeck und eventuell Dibbersen übrig geblieben, wenn man den Willen „vor Ort“ hätte zufriedenstellen wollen. Das stimmte nun allerdings mit den Zielen der Gebietsreform, wie sie schon geschildert wurden, in keiner Weise überein. Im Mai 1971 legte der Minister des Inneren in Hannover einen konkreten Vorschlag für die Gemeindeneugliederung im Land-

Wörme ist relativ stark auf Freizeit und Naherholung ausgerichtet. Im Dorf gibt es mehrere alte Gebäude, die sich für größere oder kleinere Feiern anmieten lassen. Das Büsenbachtal ist für Spaziergänge oder Wanderungen in der Heide sehr beliebt. Das Bild zeigt die Hofscheune des Hofes Kröger.

kreis Harburg vor, das sogenannte „Harburg-Paket". In ihm sollte es nur noch 11 Gemeinden im Landkreis geben. Buchholz und Winsen sollten als Mittelzentren Einheitsgemeinden werden. Was Buchholz betrifft, waren im Westen Sprötze und Trelde Buchholz zugeordnet, während Kakenstorf in der Samtgemeinde Tostedt und Drestedt in der Samtgemeinde Hollenstedt zu finden waren. Im Norden gingen Steinbeck und Dibbersen an Buchholz, während Eckel und Klecken ihrem ausdrücklichen Wunsch entsprechend in die Einheitsgemeinde Rosengarten integriert wurden. Nach Süden wurden Seppensen und Holm Buchholz zugeschlagen, was Holm „nicht für eine glückliche Lösung" hielt. Seppensen fand sich mit der Eingemeindung nach Buchholz ab, da die Verhandlungen über die Bildung einer Samtgemeinde „Seevetal" oder „Lohbergen", wie der Seppenser Bürgermeister Richardt Heuer schrieb, „wegen mangelnder Aufgeschlossenheit und Einsicht erfolglos abgebrochen werden mussten." Und auch nach Osten sollte Buchholz deutlich größer werden: Jesteburg, Lüllau, Itzenbüttel und Bendestorf sollten dazukommen. Die abwehrenden Gemeinden zogen in ihren Stellungnahmen zwar noch einmal alle Register. Bei Sprötze, Trelde und Holm half es aber nichts. Der überarbeitete Entwurf des Innenministers vom Dezember 1971 enthielt hier kein Entgegenkommen.

Die Umgliederung von Wörme aus Handeloh nach Buchholz scheitert

Buchholz war mit dem Neugliederungsentwurf aus Hannover natürlich im Wesentlichen einverstanden, schlug in seiner Stellungnahme jedoch vor, den Handeloher Ortsteil Wörme und damit auch das Büsenbachtal mit der Siedlung am Pferdekopf ebenfalls Buchholz zuzuordnen. Die betroffene Bevölkerung wäre damit mehrheitlich einverstanden. Gespräche mit der Gemeinde Handeloh würden durchaus vielversprechend laufen.

Aus Hannover wurde signalisiert, dass man solche kleineren Grenzbereinigungen auch nach Inkrafttreten der Gebietsreform immer noch vornehmen könnte, wenn man sich einig sei. So wurde die Umgliederung von Wörme nicht in das Gesetz über die Gebietsreform aufgenommen. Das hätte Buchholz nicht akzeptieren sollen. Denn bei der Gebietsreform entschieden Landesregierung und Landtag. Später waren Grenzänderungen wieder Gemeindesache. So ordnete zwar der Regierungspräsident in Lüneburg am 23.8.1972 die Umgliederung von Wörme an, nachdem sich Kreisausschuss und Kreistag dafür ausgesprochen hatten. Die Gemeinde Handeloh stellte sich nun allerdings quer. Daran änderte sich auch nichts mehr, nachdem der Rat der Stadt Buchholz am 10.7.1973 noch einmal dringlich die Umgliederung von Wörme anmahnte. Das Kapitel „Wörme" erledigte sich damit.

In der Kreuzkirche in Sprötze wurden am 30. Juni 1972 um Mitternacht die Glocken geläutet.

Eine neue Samtgemeinde Jesteburg

An einer Stelle gab es jedoch erhebliche Bewegung. Der überarbeitete Entwurf des Innenministeriums vom Dezember 1971 ging im Osten von Buchholz auf die Kritik der kommunalen Ebene, auch des Landkreises ein und änderte die Grundrichtung. Jesteburg sollte nun doch nicht zu Buchholz, sondern zusammen mit Itzenbüttel, Lüllau, Bendestorf und Harmstorf zur Samtgemeinde Jesteburg werden. Nur Teile von Itzenbüttel und Lüllau, nämlich Reindorf sowie der bis dahin zu Lüllau gehörende Teil der Siedlung Holm-Seppensen, rund um den Bahnhof Holm-Seppensen herum, sollten Buchholz zugeschlagen werden. Diese Lösung hatte der Kreistag im November 1971 ausführlich erörtert und dem Innenministerium als Wunsch des Kreises übermittelt. Dies wurde akzeptiert. Itzenbüttel und Lüllau waren mit der Ausgliederung von Teilen ihres bisherigen Gemeindegebiets schnell einverstanden, drohte doch sonst die Eingemeindung nach Buchholz. Der Name „Seevetal" wurde bei dieser Gelegenheit frei und schnell auf das heutige Seevetal übertragen.

Das Ende von Sprötze?

Der Rat der Gemeinde Sprötze trat am 30. Juni 1972 um 20 Uhr im Gasthaus Kröger („Katen") zu einer letzten Sitzung zusammen, um gemeinsam sein Daseinsende zu zelebrieren. Die Glocken der Kreuzkirche in der Kirchenallee läuteten um Mitternacht. In der Niedersachsenstraße in Sprötze wurde später ein Gedenkstein mit der Inschrift „Gemeinde Sprötze – 1105 – 30.6.1972" aufgestellt. Kaum jemand störte sich daran, dass die Inschrift nicht ganz logisch war. Denn das „sproccinla" des Jahres 1105 war keine Verwaltungseinheit, sondern eine kleine Siedlung, die in diesem Jahr schon einige Zeit bestanden hatte (vgl. Kapitel 2). Im Jahre 1105 passierte nur eines: Zwei Bauernhöfe aus „sproccinla" wechselten ihren Eigentümer. Sie gingen an das neu gegründete Koster Katlenburg, das zwischen Göttingen und dem Harz lag. Solche Eigentümerwechsel wurden damals grundsätzlich in Urkunden festgehalten. Die allermeisten gingen allerdings verloren.

Aus „Sproccinla" wurde über die Jahrhunderte „Sprötze". Als Gemeinde konnte sich Sprötze allerdings erst ab 1900 bezeichnen, als es aus der auch erst wenige Jahrzehnte bestehenden Vierdörfer-Gemeinschaft ausscherte (s. o.). Eine Gemeinde ganz für sich allein war Sprötze also ganze 72 Jahre lang. Als Ortschaft Sprötze ist sie aber nicht verschwunden. Ganz im Gegenteil (vgl. Kapitel 12).

Im Jahre 1972 hatte man die Quelle noch nicht gefunden, in der Sprötze im Jahre 1105 erwähnt wird. 1972 stammte die älteste bekannte Namenserwähnung aus dem Jahre 1272. Man ging also davon aus, dass Sprötze 1972 gerade 700 Jahre alt würde. Erst in Marquardts *Chronik aus dem Jahre 1977 wird die Quelle von 1105 erstmals erwähnt. Und erst zu dieser Zeit wurde auch der Gedenkstein aufgestellt.*

9 - Formal muss alles stimmen – die Gebietsänderungsverträge

Realismus kehrt ein

Das Ministerium des Inneren legte im Mai 1971 die Karten auf den Tisch. Bis Juli 1971 mussten die Gemeinden ihre Stellungnahmen zum Vorschlag der Landesregierung abgeben, wie die Gemeinden neu zuzuschneiden wären. Es wurde deutlich, dass sich nicht mehr viel an dem Entwurf des Innenministers ändern würde. Vor diesem Hintergrund gingen mehrere Gemeinden zur Tagesordnung über. Sie begannen, mit Buchholz die nach der Kommunalverfassung bei allen Veränderungen von Gemeindegrenzen vorgeschriebenen „Gebietsänderungsverträge" (§§ 24-27 des niedersächsischen Kommunalverfassungsgesetzes) auszuhandeln. Schon im Sommer 1971, teilweise schon vorher vorbereitet, trafen sich der Buchholzer Bürgermeister Dr. Adolf Matthies und Stadtdirektor Albert Haupt mit den Bürgermeistern von Steinbeck und Dibbersen, Johann Kroll und Werner Hartmann, sowie bald auch mit dem Trelder Bürgermeister, Friedrich Bartels, zu konkreten Verhandlungen. Obwohl letzterer sich noch im Juli 1971 vehement gegen die Eingemeindung nach Buchholz und für eine Vier-Dörfer-Lösung ausgesprochen hatte, sah er kaum noch Chancen, sich mit dieser Position durchzusetzen und hoffte darauf, durch frühzeitiges konstruktives Verhandeln vielleicht einige Vorteile für Trelde realisieren zu können.

Sprötze, Holm und Seppensen setzten in dieser Zeit noch auf eine Samtgemeinde „Lohbergen" (s. voriges Kapitel). Als sich dann aber Jesteburg, Lüllau, Itzenbüttel, Bendestorf und Harmstorf beim Land durchsetzten und im überarbeiteten „Harburg-Paket" vom Dezember 1971 alle fünf zur Samtgemeinde Jesteburg zusammengefügt wurden, verblieb für eine Sonderlösung für Seppensen, Holm und Sprötze kein Spielraum mehr. Denn die für die Samtgemeinden Tostedt und Hanstedt im Dezember-Paket unverändert vorgesehenen Mitgliedsgemeinden arrangierten sich untereinander, darunter auch Schierhorn, Inzmühlen und Handeloh. Nun begannen auch die restlichen zur Eingemeindung nach Buchholz vorgesehenen Gemeinden, mit Buchholz über die Gebietsänderungsverträge zu sprechen. Der Seppenser Bürgermeister Richardt Heuer verhandelte mit Buchholz schon im September 1971, obwohl er die Option einer Samtgemeinde „Lohbergen" noch gar nicht ganz aufgegeben hatte. Während jedoch Dibbersen schon im Oktober 1971 sowie Steinbeck und Trelde schon im Dezember 1971 die Gebietsänderungsverträge unterzeichneten, zog sich dies bei Seppensen, Holm, Lüllau (wegen der Siedlung Holm-Seppensen) und Itzenbüttel (wegen der Ortschaft Reindorf) und auch bei Sprötze noch bis Ende Juni 1972 hin.

Der Mustervertrag – es entsteht ein wenig Durcheinander

Das niedersächsische Ministerium des Inneren hatte vorgesorgt. Den Gemeinden wurde ein Muster-Gebietsänderungsvertrag an die Hand gegeben, der sich schon bei früheren Gebietsänderungen im Land Niedersachsen bewährt hatte. Zwar waren die Verträge grundsätzlich frei gestaltbar, so dass das Muster nur eine Empfehlung darstellte. Schließlich ging es um eine ausschließlich kommunale Angelegenheit. Da hatte das Land immer nur zu beraten oder zu empfehlen. Alle Beteiligten waren allerdings froh, dass sie einen Text hatten, an dem sie sich orientieren konnten. Dabei ergab sich jedoch ein Problem. Der Mustervertragsentwurf war nicht im Zusammenhang mit einer landesweiten Gebietsreform entstanden, da es bisher ja noch gar keine gab. Der Runderlass des Ministeriums des Inneren, der alle vorbereitenden Maßnahmen für die Reform präzisierte, wurde jedoch –

aus welchem Grunde auch immer ziemlich verspätet – erst im Februar 1972 rechtskräftig. Darin stand nun, dass insbesondere auch geregelt werden sollte, wie der Übergang zwischen gewähltem altem Rat und dem Rat, der bei der nächsten Kommunalwahl neu zu wählen ist, aussehen sollte (Bestimmung der „Interimsorgane").

Dazu bot der bisherige Mustervertrag aber keine Formulierungshilfen. Die Verträge zwischen Buchholz einerseits und Dibbersen, Steinbeck und Trelde andererseits, alle schon 1971 unterschrieben, enthielten also keine Aussagen zu den Interimsorganen. Auch mit Sprötze, Seppensen und Holm wurde auf der Basis des alten Mustervertrages verhandelt. Dies blieb auch so. Somit kam jetzt ein zweites Vertragsmuster ins Spiel, das nun im Wesentlichen nur die Interimsregelungen betraf. Ausgewählte Absätze aus dem alten Muster waren, teilweise in verkürzter Form, ebenfalls enthalten. Und: Um den zweiten Durchgang einigermaßen zügig über die Bühne zu bekommen, war vorgesehen, nur einen einzigen Vertrag aufzusetzen, der Buchholz und alle zu integrierenden Gemeinden bzw. Gemeindeteile (Reindorf, Siedlung Holm-Seppensen) umfasste.

In Buchholz werden keine Interimsregelungen vereinbart

Wäre der Vertrag entsprechend dem zweiten Muster tatsächlich zustande gekommen, hätte er 18 Unterschriften getragen, je Gemeinde bzw. Gemeindeteil zwei an der Zahl. Er kam aber nicht zustande. Über die Gründe ist im folgenden Kapitel zu berichten. Die ausführlichen einzelnen Gebietsänderungsverträge, dem alten Muster entsprechend, erhielten dagegen Rechtskraft. So wurde für alle zu integrierenden Gemeinden jeweils im § 1 festgelegt, dass die Stadt Buchholz am 1.7.1972 Rechtsnachfolger würde. Und in den Übergangsvorschriften stand, dass bis zur Wahl der neuen Ortsräte die Mitglieder der bisherigen Gemeinderäte die Rolle der Ortsräte übernehmen.

Rein formal hätten damit die bisher selbständigen Gemeinden in der Übergangszeit keinen Einfluss auf Dinge gehabt, die der Rat der Stadt Buchholz für die ganze Stadt in ihren neuen Grenzen zu entscheiden hatte. Theoretisch hätte über die hinzugekommenen Gemeinden und Ortsteile hinweg bestimmt werden können. Deshalb versuchte Alt-Buchholz mit großem Einsatz von Bürgermeister Dr. Adolf Matthies und Stadtdirektor Albert Haupt, unabhängig von den Gebietsänderungsverträgen im Rat der Stadt Buchholz Beschlüsse nur in enger vorheriger Abstimmung mit den Ortschaften zu fassen. Sie wollten auf diese Weise vermeiden, dass die neue Zusammenarbeit gleich zu Beginn belastet würde. Dies gelang auch. Blättert man die Protokolle der Buchholzer Ratssitzungen zwischen Juli und Oktober 1972, also zwischen der Gebietsreform und der Kommunalwahl am 22. Oktober 1972 durch, so beobachtet man, dass Themen, die die neu hinzugekommenen Ortschaften betrafen, eventuellen Befürchtungen zum Trotz von allen Fraktionen besonders vorsichtig behandelt wurden.

Die Namen der Ortschaften – auch „Holm-Seppensen" wird nicht zum Problem

Zu Beginn der Verträge wurde festgehalten, wie die ehemals selbstständigen Gemeinden denn nun weiterhin als Ortschaften heißen sollten. Dies war nirgends umstritten. Dibbersen, Steinbeck, Trelde und Sprötze boten sich an. Reindorf war zwar bis zum 30.6.1972 keine selbstständige Gemeinde, erhielt aber den Status einer Ortschaft und hieß natürlich Reindorf.

Anders war es bei Holm-Seppensen. Dies war bis zur Gebietsreform der Name der Waldsiedlung rund um den Holm-Seppenser Bahnhof. Die Adresse „2115 Holm-Seppensen", bezog sich sogar nur auf den südlichen, zu Lüllau gehörenden Teil der Waldsiedlung. Wenn dagegen die Namen „Seppensen" oder „Holm" fielen, waren damit natürlich diese Dörfer gemeint.

Dies ist eins der drei Ortseingangsschilder von Buensen, hier von Norden her aus Richtung Eckel.

Nun wurde der Name der alten Waldsiedlung zugleich der Name der neuen Ortschaft Holm-Seppensen, die vom Buchholzer Berg bis zu den Holmer Fischteichen reichte. Dies bot sich so sehr an, dass dies überhaupt nicht vertieft diskutiert wurde. Dabei hätte es dafür durchaus einen Grund gegeben. Denn mit dem Doppelnamen „Holm-Seppensen" für eine Ortschaft einer Einheitsgemeinde verstieß Buchholz rein formal gegen die dringende Bitte der Landesregierung, keine Doppelnamen zuzulassen. In Ziffer 3.7 des Runderlasses vom Februar 1972 (s. o.) hieß es: „Die Aufsichtsbehörden werden gebeten, keinen Zweifel darüber aufkommen zu lassen, dass Doppelnamen unerwünscht sind." Aber selbst wenn es aufgefallen wäre: Holm-Seppensen wäre immer für eine Ausnahme gut gewesen.

Sicherheitshalber setzten sich die Bürgermeister von Holm und Seppensen dafür ein, dass in die Gebietsänderungsverträge der Satz aufgenommen wurde: „Jedoch werden zur Erhaltung der alten Ortsbezeichnungen an den Ortseingängen nach Seppensen und Holm Zusatzschilder oder zusätzliche Beschriftungen auf den Ortsschildern angebracht (Ortsteil …)." Das wäre nicht zwingend nötig gewesen. Schon 1972 war es vielerorts üblich, bei den Ortseingangsschildern für abgetrennte, nicht selbstständige Ortsteile oder Siedlungen deren Namen zu nennen. Buchholz verhielt sich damals schon so und zwar bei den Ortschaften Vaensen und Buensen. Ganz selbstverständlich haben heute auch Dangersen, Meilsen oder Suerhop ihre „eigenen" Schilder und natürlich auch Holm, Holm-Seppensen und Seppensen. Dies entspricht mittlerweile seit langem den Vorschriften des Landes, was die Ortschaftsbezeichnungen an den Ortsein- und -ausgängen betrifft.

Nur der Name „Lüllau", wozu ja ein großer Teil der Waldsiedlung „Holm-Seppensen" bis zum 30. Juni 1972 gehörte, ist aus der Buchholzer Topografie verschwunden. Nicht einmal eine Straße oder ein Weg wurden danach benannt. Die betroffenen Familien hatten bis zur Gebietsreform eigentlich nur Unannehmlichkeiten mit ihrer Zugehörigkeit zu Lüllau. Weite Wege bis zur Gemeindeverwaltung, unklare Wegebeschreibungen, Irrläufer bei der Post nervten immer schon. Nun weinte niemand Lüllau eine Träne nach. Aber natürlich nur der Gemeinde als Verwaltungseinheit. In den ersten Jahrzehnten gab es noch viele persönliche Verbindungen mit Lüllau. Mittlerweile sind sie allerdings weit ausgedünnt.

Buchholz braucht schnell einen neuen Flächennutzungsplan (F-Plan)

Für alle Ortschaften in gleicher Weise wurde die dort bestehende Bauleitplanung geregelt. Alle rechtskräftigen Bebauungspläne (B-Pläne) wurden von der Stadt Buchholz übernommen. Bei allen im Verfahren befindlichen B-Plänen sagte Buchholz zu, sie im Sinne der bisher gefassten Beschlüsse voran zu bringen. Die Flächennutzungspläne wurden gemäß § 3 der Gebietsänderungsverträge Bestandteil des Buchholzer Ortsrechts.

So stand es in allen säuberlich unterschriebenen Gebietsänderungsverträgen, die nach dem ausführlichen Vertragsmuster formuliert worden waren. Mit dem Runderlass des Innenministers vom Februar 1972 war dies auf einmal in allen Verträgen falsch. Die F-Pläne konnten nach Ziffer 3.5.3 nicht übernommen werden. Dies machte auch Sinn, da F-Pläne mit vielen ihrer Festlegungen mehr oder weniger weit in die Umgebung hineinwirken. Deshalb legt das Bundesbaugesetz (später Baugesetzbuch) fest, dass F-Pläne grundsätzlich nur für ganze Gemeinden aufgestellt werden dürfen (§ 5 Abs. 1 BauGB). Entwürfe müssen mit allen benachbarten Gemeinden abgestimmt werden. Und das waren nach der Gebietsreform ganz andere als vorher.

Damit verfügte Buchholz ab dem 1. Juli 1972 über keinen gültigen F-Plan mehr. Daraus folgte – nicht nur für Buchholz, sondern auch für alle anderen Einheitsgemeinden – , dass umgehend ein neuer F-Plan aufzustellen war. Dies geschah dann auch in den Jahren von 1974 bis 1978. Die Samtgemeinden waren fein raus. Denn deren Mitgliedsgemeinden blieben formalrechtlich Gemeinden, die weiterhin für die Bauleitplanung zuständig waren. Damit blieben auch die alten F-Pläne gültig. Dessen ungeachtet wurde vielerorts auf freiwilliger Basis vereinbart, möglichst schnell neue F-Pläne für das gesamte Samtgemeindegebiet aufzustellen.

Reindorf erhält einen Ortsvorsteher

Reindorf erhielt als einzige der hinzukommenden Ortschaften keinen Ortsrat, sondern einen Ortsvorsteher. Da 1972 Texte noch nicht „durchgegendert“, also geschlechtsneutral formuliert wurden, steht im Gebietsänderungsvertrag mit der Gemeinde Itzenbüttel nichts von einer Ortsvorsteherin. Dies hat jedoch nicht verhindert, dass Heike Meyer nun schon seit 1991 Ortsvorsteherin von Reindorf ist.

Bei den Entscheidungsbefugnissen der Ortsräte ergaben sich kleine Unterschiede zwischen den einzelnen Gebietsänderungsverträgen dadurch, dass nicht alle über eine Freiwillige Feuerwehr oder ein eigenes Gemeindehaus verfügten.

Bei den Anhörungsrechten wurde durchgängig für alle Ortschaften geregelt, dass die Ortsräte/Ortsvorsteher zu hören waren, wenn es um die Vermietung oder Verpachtung von Grundbesitz ging, der den alten Gemeinden gehörte. In Steinbeck gab es allerdings einen Sonderfall. Im Gebietsänderungsvertrag wurde festgeschrieben, das Steinbeck zu hören sei, wenn es um die „Verwendung von Erlösen aus Vermögensveräußerungen und der Rücklagen“ geht. In allen anderen Verträgen tauchte dieser Passus nicht auf. Mit anderen Worten: Alle anderen Gemeinden hatten pünktlich zur Rechtskraft der Gebietsreform ihr nicht in Grundstücken gebundenes Vermögen und ihre Rücklagen im Wesentlichen aufgelöst und ausgegeben. Der Sprötzer Gemeinderat ließ in den ersten sechs Monaten des Jahres 1972 noch 13 Straßen „modern ausbauen“, wie Wilhelm Marquardt in seiner Sprötzer Chronik des Jahres 1977 beeindruckt festhielt. 1 406 000 DM wurden dafür in die Hand genommen. Anliegerbeiträge mussten offenbar nicht gezahlt werden. Sprötze hatte wohl darauf verzichtet. Es war keine arme Gemeinde.

Bei der Grundsteuer A gelten fünf Jahre lang die alten Hebesätze

Die Gemeindesteuern, bei denen also allein die Gemeinden bestimmen, wie hoch sie ausfallen, waren selbstverständlich von besonderem Interesse. Es handelte sich um die Grundsteuer A (für agrarwirtschaftlich genutzte Grundstücke), die Grundsteuer B (für baulich genutzte Grundstücke), die Gewerbesteuer (zu einem Teil) und die Hundesteuer. Bei insgesamt beteiligten neun Kommunen gab es in der Höhe zwangsläufig einige Unterschiede in den Hebesätzen.

Bei der Grundsteuer A waren die Unterschiede besonders groß. Zugleich betraf die Steuer nur die Landwirte, also nur einen kleinen Teil der Steuerzahler. Zudem ging es nur um die eingegliederten Ortschaften, denn dort lag der Hebesatz für die Grundsteuer A bisher nirgends höher als in Buchholz, in der Regel deutlich niedriger. Schnell war man sich einig, dass man die jeweiligen alten Hebesätze noch eine Weile weiter gelten ließ. Nach fünf Jahren war damit jedoch Schluss.

Bei den anderen oben genannten Steuerarten vereinbarte man, dass ohne Übergangszeit die Sätze von Alt-Buchholz gelten sollten. Diese waren schon bis dahin die höchsten. Die Grundsteuer B und die Hundesteuer gehörten sowieso nicht zu den aufkommensstärksten Steuerarten. Lediglich bei der Gewerbesteuer ergab sich bei einigen Betrieben in den Ortschaften eine spürbare Mehrbelastung. Dies wurde hingenommen.

Einige besondere Wünsche der Ortschaften gehen in Erfüllung

Die übrigen Paragraphen der einzelnen Gebietsänderungsverträge betrafen reine Formalia, die bei den Verhandlungen schnell geklärt wurden.

In drei der verhandelten Verträge gab es jedoch noch einen gesonderten Paragraphen unter der Über-

Das Sägewerk Abraham in Sprötze war einer der größeren Gewerbesteuerzahler in den eingemeindeten Ortschaften. Auf diesem Bild ist noch der beschrankte Bahnübergang von der Niedersachsenstraße zum heutigen Hubertusweg zu sehen.

Das Ritscher-Werk stellte Trecker und andere landwirtschaftliche Fahrzeuge her. Das Luftbild gibt den Gebäudezustand in den 1950er Jahren wieder. Dies Werk war in Jahren mit gutem Geschäftsverlauf der beste Gewerbesteuerzahler in Sprötze.

schrift „Besondere Leistungen". Den Unterlagen im Buchholzer Stadtarchiv ist nicht zu entnehmen, wie eine solche Sonderbehandlung begründet wurde. Es handelte sich durchgängig um einzelne Straßenbaumaßnahmen (im Folgenden immer heutige Straßennamen).

In Trelde enthält § 17 die „besonderen Leistungen". Es wird vereinbart: „Die Gemeinde Trelde strebt den Ausbau der Sandstraße, der Alten Bahnhofstraße und des Alten Schulweges an, die Stadt Buchholz i.d.N. bemüht sich, diese Maßnahmen in ihre Planung aufzunehmen." Alle drei Maßnahmen wurden tatsächlich zeitnah realisiert. Der Trelder Ortsrat wurde dabei angemessen eingeschaltet.

Auch in Sprötze stehen die „besonderen Leistungen" in § 17. Er lautet: „Die Stadt bemüht sich, innerhalb der nächsten fünf Jahre eine bessere Verkehrsverbindung zwischen Buchholz i.d.N. und Sprötze zu schaffen, sowie einen Fußweg mit Hochbord und Straßenbeleuchtung in der Bgm.-Kröger-Straße vom Schwarzen Weg bis zum Weg Am Versberg." Beide Wünsche wurden schnell in Angriff genommen, die Verbindung zwischen Sprötze und Buchholz schon deshalb, da sie auch aus Buchholzer Sicht sehr hohe Priorität hatte. Sie wurde 1978 fertiggestellt.

Die Reindorfer Wünsche stehen in § 13 des Vertrages mit Itzenbüttel und sind besonders umfassend: „Die Stadt bemüht sich, innerhalb der nächsten fünf Jahre die folgenden als dringend anerkannten Maßnahmen durchzuführen:

1. Ausbau eines Rad- und Gehweges entlang der Landesstraße 210 von Buchholz i.d.N. nach Reindorf

Der Sprötzer Weg verlief ursprünglich nur zwischen Bremer Straße und Brumhagen parallel zur Bahn und war sehr schmal, trotz schon einer vorsichtigen Verbreiterung. Das Bild stammt aus 1973 oder 1974.

Im Jahre 1978 wurde der Sprötzer Weg, wie im Gebietsänderungsvertrag vereinbart, in der heutigen Breite und Linienführung ausgebaut.

2. Ausbau folgender Straßen und Wege: a) Verbindungsstraße vom Sonnenhof nach Seppensen (heute Klecker Weg südlich der Bendestorfer Straße und Reindorfer Weg); b) Weg von der Dorfmitte bis zum Eisenbahntunnel am Reindorfer Weg (Reindorfer Dorfstraße); c) Weg von der Dorfmitte zum Emmer Berg; d) Weg südlich der Bahnlinie zwischen der Reindorfer Landstraße und dem Reindorfer Weg (Ortfeld)."

Der Bau eines Geh- und Radweges zwischen Reindorf und Buchholz wurde zügig in Angriff genommen. Die Formulierung im Gebietsänderungsvertrag wurde allerdings einvernehmlich so interpretiert, dass er nur nach Buchholz hinein bis zum Beginn der Bebauung auf der Nordostseite der Lüneburger Straße reichen sollte. Dies rächt sich heute, da der weitere Verlauf der Lüneburger Straße bis zur katholischen Kirche und bis zur Canteleubrücke mittlerweile einen besonderen Engpass im Fahrradwegenetz darstellt.

Der Ausbau des Klecker Weges von der Kreuzung mit der Bendestorfer Straße (Sonnenhof) bis Reindorf und weiter des Reindorfer Weges bis Seppensen wurde demgegenüber nicht verwirklicht, wenn man davon absieht, dass Klecker Weg und Reindorfer Weg im Rahmen der regelmäßigen Wartung geschottert werden. Die Zurückhaltung hat allerdings ihre Gründe.

Als die „besonderen Leistungen" für Reindorf ausgehandelt wurden, war das Verhandlungsziel von der Buchholzer Seite, mit allen Wünschen – nicht nur in Reindorf – so konstruktiv wie möglich umzugehen. Es sollte auch bei dieser Gelegenheit demonstriert werden, dass man mit Buchholz reden könne, dass man also vor Buchholz keine Angst zu haben brauchte.

Das Verhandlungsziel auf Reindorf/Itzenbütteler Seite war, diese „letzte" Gelegenheit zu nutzen, um möglichst viel herauszuholen. Da bot sich der Ausbau von Klecker Weg und Reindorfer Weg an. Damit könnten zwei langgehegte Wünsche der Reindorfer in Erfüllung gehen. Vom Dorf Richtung Norden und Richtung Seppensen gab es einfach keine ausgebauten Verbindungen. Der Buchholzer Seite war natürlich klar, dass diese Straßen schnell als Ostring um Buchholz herum zweckentfremdet werden könnten. Die entsprechende Debatte hatte in Buchholz aber noch gar nicht Fahrt aufgenommen. Die Buchholzer Seite stimmte also zu.

An der Ortseinfahrt von Buchholz nach Reindorf ist links der Rad- und Fußweg.gut zu erkennen.

Die Umsetzung dieser Wünsche gestaltete sich allerdings schwieriger als erwartet. Die erforderlichen Straßenbauflächen gehörten teilweise Privateigentümern und waren zu einem Teil noch nicht einmal vermessen. Es waren also Streitigkeiten zu erwarten. Die Straßen wurden im neuen Rat der Stadt Buchholz mehrheitlich als potenzielles „Millionengrab" gesehen. Außerdem musste nun erst einmal der

Der Sonnenhof an der Kreuzung der Bendestorfer Straße mit dem Klecker Weg beherbergt schon lange keine Gastronomie mehr. Er wird von einem Ballonfahrtunternehmen genutzt.

neue F-Plan Vorrang haben. Dieser wurde seit 1974 bearbeitet und 1978 beschlossen (s. o.). Und: Darin wurde erstmals die "Planstraße Ostring" verankert, auf der die Reindorfer ohnehin nach Fertigstellung besser nach Norden und nach Seppensen hätten gelangen können. Die Reindorfer waren damit einverstanden, dass bei dieser Gelegenheit die Straße zwischen Sonnenhof und Seppensen „vergessen" wurde.

Während also Sprötze, Trelde und vor allem Reindorf einige Wünsche (fast) erfüllt bekamen, ist in den Verträgen zu den anderen Ortschaften nichts Entsprechendes zu finden. Man kann nur rätseln, warum dies so war. Die einfachste Erklärung wäre, dass dort in den letzten Monaten vor Inkrafttreten der Gebietsreform alle Maßnahmen, die in Frage gekommen wären, bereits verwirklicht wurden. Denn alle zu dieser Zeit noch selbstständigen Gemeinden taten alles, noch vorhandene Reserven aufzulösen (s. o.). In Kapitel 10 wird darauf noch einmal zurückzukommen sein.

10 - Die Zusammenarbeit in der neuen Stadt beginnt holperig

Alle wissen es – viele sind erst einmal in und mit Buchholz nicht glücklich

Der 1. Juli 1972 war ein Sonnabend. Die Deutsche Bundespost hatte in Buchholz – vermutlich nicht nur dort – einen Spezialauftrag. Ein Exemplar des neuesten „Amtlichen Bekanntmachungsblattes der Stadt Buchholz in der Nordheide“ war in alle Briefkästen der neu zu Buchholz hinzugekommenen Ortschaften zu stecken. Bürgermeister und Stadtdirektor der Stadt hießen die Mitbürgerinnen und Mitbürger der zu integrierenden Ortschaften willkommen und bauten auf eine vertrauensvolle Zusammenarbeit. Es wurde über die neue Adresse und Telefonnummer der Verwaltung unterrichtet sowie darüber, wo die einzelnen städtischen Einrichtungen zu finden waren und wann sie geöffnet hatten. Über Sprechstunden in den neuen Ortschaften sollte zeitnah informiert werden. Einiges musste ja erst einmal organisiert werden.

Die Sprötzer erhielten noch ein zweites Schreiben. Es trug das Datum des 30. Juni 1972 und war also schon am Freitag allen Sprötzerinnen und Sprötzern zugegangen. In diesem Brief verabschiedete sich der Sprötzer Bürgermeister Werner Böhring und teilte mit, dass er als Ortsbürgermeister bis zur nächsten Kommunalwahl weiter zur Verfügung stände. Er machte keinen Hehl daraus, dass er „persönlich der Meinung (ist), dass diese Entscheidung des Gesetzgebers für unsere Bevölkerung keine Vorteile bringen wird. Die Nachteile – und wenn es die Wege nach Buchholz sind – werden zu gegebener Zeit jeden Bürger treffen.“ Im Jahre 1972 feierte Sprötze, dass der Ort vor genau 700 Jahren erstmalig erwähnt wurde. (Etwas später wurde eine noch deutlich äl-

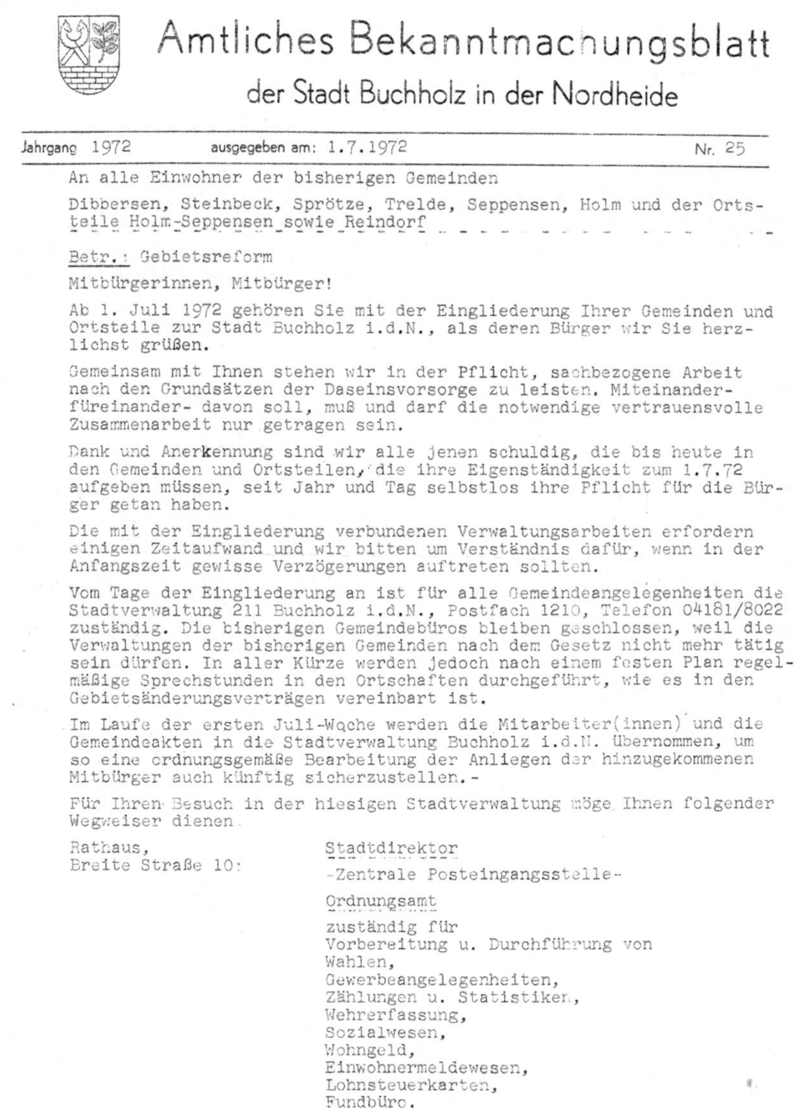

Amtliches Bekanntmachungsblatt
der Stadt Buchholz in der Nordheide

Jahrgang 1972 ausgegeben am: 1.7.1972 Nr. 25

An alle Einwohner der bisherigen Gemeinden

Dibbersen, Steinbeck, Sprötze, Trelde, Seppensen, Holm und der Ortsteile Holm-Seppensen sowie Reindorf

Betr.: Gebietsreform

Mitbürgerinnen, Mitbürger!

Ab 1. Juli 1972 gehören Sie mit der Eingliederung Ihrer Gemeinden und Ortsteile zur Stadt Buchholz i.d.N., als deren Bürger wir Sie herzlichst grüßen.

Gemeinsam mit Ihnen stehen wir in der Pflicht, sachbezogene Arbeit nach den Grundsätzen der Daseinsvorsorge zu leisten. Miteinander-füreinander- davon soll, muß und darf die notwendige vertrauensvolle Zusammenarbeit nur getragen sein.

Dank und Anerkennung sind wir alle jenen schuldig, die bis heute in den Gemeinden und Ortsteilen, die ihre Eigenständigkeit zum 1.7.72 aufgeben müssen, seit Jahr und Tag selbstlos ihre Pflicht für die Bürger getan haben.

Die mit der Eingliederung verbundenen Verwaltungsarbeiten erfordern einigen Zeitaufwand und wir bitten um Verständnis dafür, wenn in der Anfangszeit gewisse Verzögerungen auftreten sollten.

Vom Tage der Eingliederung an ist für alle Gemeindeangelegenheiten die Stadtverwaltung 211 Buchholz i.d.N., Postfach 1210, Telefon 04181/8022 zuständig. Die bisherigen Gemeindebüros bleiben geschlossen, weil die Verwaltungen der bisherigen Gemeinden nach dem Gesetz nicht mehr tätig sein dürfen. In aller Kürze werden jedoch nach einem festen Plan regelmäßige Sprechstunden in den Ortschaften durchgeführt, wie es in den Gebietsänderungsverträgen vereinbart ist.

Im Laufe der ersten Juli-Woche werden die Mitarbeiter(innen) und die Gemeindeakten in die Stadtverwaltung Buchholz i.d.N. übernommen, um so eine ordnungsgemäße Bearbeitung der Anliegen der hinzugekommenen Mitbürger auch künftig sicherzustellen.-

Für Ihren Besuch in der hiesigen Stadtverwaltung möge Ihnen folgender Wegweiser dienen.

Rathaus, Breite Straße 10:

Stadtdirektor
-Zentrale Posteingangsstelle-

Ordnungsamt
zuständig für
Vorbereitung u. Durchführung von Wahlen,
Gewerbeangelegenheiten,
Zählungen u. Statistiken,
Wehrerfassung,
Sozialwesen,
Wohngeld,
Einwohnermeldewesen,
Lohnsteuerkarten,
Fundbüro.

Der Text im Amtlichen Bekanntmachungsblatt Nr. 25/1972 war nur zwei Seiten lang. Auf der Rückseite standen die weiteren Verwaltungsgebäude mit den dort zu findenden Dienststellen.

Dr. Adolf Matthies war von 1961 bis 1976 Bürgermeister der Stadt Buchholz.

Albert Haupt war von 1956 bis 1974 zuerst Gemeindedirektor, ab 1958 Stadtdirektor von Buchholz.

Werner Böhring war von 1964 bis 1972 Sprötzer Gemeindebürgermeister und von 1972 bis 1996 Sprötzer Ortsbürgermeister.

tere Urkunde aus dem Jahre 1105 gefunden, die es möglich machte, dass Sprötze 2005 sein 900-jähriges Bestehen begehen konnte.) Weiter Böhring: „Das Jubiläumsjahr ist gleichzeitig das Auflösungsjahr der Gemeinde. Diese Tatsache muss die Mehrheit des Gemeinderates und der Bevölkerung mit Bitterkeit erfüllen.“

Nicht nur in Sprötze, auch in vielen anderen Gemeinden, die landesweit von der Gebietsreform betroffen waren, bestanden Vorbehalte gegen die Neugliederung der Verwaltung, wenn auch nicht überall so dezidiert wie in Sprötze. Dies wusste Buchholz. Bürgermeister und Stadtdirektor bemühten sich schon bei der Wortwahl, keine Wunden aufzureißen. Während Werner Böhring von „Eingemeindung“ sprach – andere sprachen von „Übernahme“, manche sogar von „feindlicher Übernahme“ –, war im Amtlichen Bekanntmachungsblatt von „Eingliederung“ die Rede. Auch der Oberkreisdirektor wählte diese Formulierung, als er im August allen ehemaligen Bürgermeistern noch einmal herzlich für ihre verantwortungsvolle und zeitraubende Tätigkeit dankte.

Die alten Gemeindebüros werden aufgelöst

Schon im Juni 1972 lud der Buchholzer Stadtdirektor Albert Haupt alle von der Neugliederung rund um Buchholz betroffenen Gemeindebürgermeister zu einer gemeinsamen Gesprächsrunde ein. Es war alles Organisatorische rund um die Übernahme der dezentralen Gemeindeakten, der Gemeindekassen und z. B. der Dienstsiegel und nicht zuletzt des Personals der Gemeinden zu besprechen. Am 21. Juni wurde das Protokoll dieses Treffens versandt. Dazu gehörte auch ein Zeitplan, an welchem Tag zu welcher Uhrzeit welche Gemeindebüros aufgelöst werden sollten. Ausgerechnet Sprötze war als erstes dran und zwar am Montag, den 3. Juli 1972 um 7:30 Uhr.

Das Wetter war regnerisch und die Stimmung frostig, als ein LKW des Bauhofs vorfuhr. Leider gibt es keine Schriftstücke über das Ereignis. Man erzählte sich jedoch anschließend, dass die Möbel und Akten „ziemlich rabiat“ behandelt wurden. Darauf wurde auch zurückgeführt, dass dabei ausgerechnet das Dienstsiegel verschwand und bis heute nicht wieder aufgetaucht ist. In anderen Ortschaften gab man sich entspannter. In Steinbeck und Dibbersen war sogar die Presse vor Ort. In Dibbersen kamen Aktenstücke aus dem 19. Jahrhundert ans Tageslicht. Dies veranlasste den Buchholzer Bürgermeister Dr. Adolf Matthies, die Einrichtung eines Stadtarchivs zuzusagen. Es solle „durch einen erfahrenen Mann“ aufgebaut werden. Dies geschah dann auch seit den 1980er Jahren. Männer kamen allerdings nicht zum Zuge. Bisher gab und gibt es in Buchholz nur Stadtarchivarinnen.

Abtransport der Gemeindeunterlagen und Büroausstattung aus Sprötze

Der alte Buchholzer Stadtrat bleibt noch bis zur Kommunalwahl im Oktober im Amt

Schon im Februar 1972 hatte der niedersächsische Minister des Inneren einen Runderlass herausgegeben, mit dem die zukünftig zusammengehörenden Gemeinden aufgefordert wurden, in den Gebietsänderungsverträgen Interimsräte und -bürgermeister zu bestimmen. Im vorangehenden Kapitel wurde schon darauf eingegangen. Mittlerweile informierte der Niedersächsische Städtebund (auch Buchholz ist Mitglied), dass die Bildung eines Interimsrates zwar wünschenswert, aber nicht zwingend sei. Der alte Buchholzer Rat könne auch bis zu einer Neuwahl im Amt bleiben. In einem weiteren Runderlass aus dem Innenministerium vom 13.6.1972 wurde dies bestätigt. Es müsse hingenommen werden, wenn keine Interimsregelungen zustande kämen.

Der Gebäudekomplex aus Feuerwehr und Gemeindehaus wurde nach der Gebietsreform weitergenutzt und ausgebaut. Aus dem Gemeindehaus wurde das Ortschaftsgebäude.

Das Seppenser Gemeindebüro befand sich in einer Holzhütte auf dem Gelände des Thomashofs. Es wurde kurze Zeit nach der Gebietsreform abgerissen. Ihm weinte niemand eine Träne nach, da es ohnehin ein Provisorium war, das eigentlich schon lange hätte ersetzt werden sollen. Es glänzte allerdings durch seine grüne Farbe. Auf dem rechten Bild ist Bürgermeister Richardt Heuer zu sehen.

Dies war in Buchholz der Fall. Zwar machte die Stadtverwaltung schon im Mai einen Vorschlag, wie der Interimsrat zusammengesetzt sein könnte. Im Rat der Stadt wurde jedoch moniert, dass dieser Vorschlag nicht dem bei Kommunalwahlen üblichen Verfahren der Sitzverteilung entsprach. Am 7. Juni 1972 lehnte der Rat der Stadt Buchholz mit knapper Mehrheit die Bildung eines Interimsrates ab. Er beschloss vielmehr, die Aufgaben des Interimsrates vom „Besonderen Ausschuss" erledigen zu lassen, der zur Vorbereitung der Kommunalwahl am 22.10.1972 laut Kommunalwahlgesetz ohnehin gebildet werden musste.

Der Verzicht auf einen Interimsrat führte in der Öffentlichkeit zu einigem Stirnrunzeln. Buchholz stand damit weit und breit ziemlich allein da. Am 26. Juni 1972 lud der Oberkreisdirektor alle betroffenen Gemeinden zu einem Treffen bei Hotel Cohrs ein, um die unklare Situation zu diskutieren. Und am 28. Juni 1972 fand die letzte Sitzung des Rates der Stadt Buchholz vor Inkrafttreten der Gebietsreform statt. Dort entschied sich endgültig, dass kein Interimsrat gebildet wurde. Der bisher schon amtierende Rat von Alt-Buchholz war in der Übergangsphase auch für das neue Buchholz zuständig. Vom „Besonderen Ausschuss" war nur noch am Rande die Rede.

Schon am 19. Juli 1972 – am Tag vor dem Beginn der Sommerferien – fand die nächste Sitzung des Buchholzer Rates statt. Auf der Tagesordnung stand der Entwurf der neuen Hauptsatzung, ein Thema, dass in der Übergangszeit bei allen neuen Gemeinden und Samtgemeinden mit Priorität zu behandeln war. Dies wäre auch die zentrale Aufgabe des Interimsrates gewesen, wäre er gebildet worden. Schon in derselben Sitzung, also am 19. Juli wurde die neue Hauptsatzung auch beschlossen, was also offenbar gut von der Verwaltung vorbereitet worden war. Wichtigste Punkte aus der Sicht der eingegliederten Gemeinden waren natürlich die Entscheidungsbefugnisse der Ortsräte sowie die Themen, bei denen sie zumindest gehört werden müssten. Die Regelungen wurden wortgleich aus den Gebietsänderungsverträgen übernommen. Meinungsverschiedenheiten konnten also gar nicht aufkommen.

Der „Besondere Ausschuss" hat nicht mehr viel zu tun

Am 15. August 1972 tagte der Besondere Ausschuss. Die Sitzung dauerte nur eine gute halbe Stunde. Das wichtigste Ergebnis war, dass Buchholz nicht wie bisher einen Wahlbezirk bildete, sondern zukünftig in zwei Wahlbezirke mit den jeweiligen Kandidatenlisten eingeteilt werden sollte, wie dies seitdem bei allen Kommunalwahlen praktiziert worden ist. Mehr war nicht mehr zu tun. Alles andere hatte der amtierende Rat von Alt-Buchholz schon abgearbeitet. In der Presse war weder etwas über eine eventuelle zweite Sitzung des Besonderen Ausschusses vor der Kommunalwahl zu lesen. Noch gab es weitere Tagesordnungspunkte am 15. August. Die Sitzung musste im Übrigen noch innerhalb der Sommerferien stattfinden, da enge Termine im Countdown bis zur Kommunalwahl am 22. Oktober 1972 keinen Spielraum ließen.

Zwischen Sommerferienende und Kommunalwahl am 22. Oktober 1972 tagte der Rat der Stadt Buchholz noch viermal, also recht häufig. Themen rund um die Gebiets- und Verwaltungsreform standen allerdings gar nicht mehr auf der Tagesordnung. Jetzt wurde deutlich, dass man sich die Überleitung von den alten Gemeinden zur neuen Einheitsgemeinde Buchholz viel schwieriger vorgestellt hatte, als sie es dann tatsächlich war.

Für viele gibt es eine neue Postleitzahl

Bis zur Vergrößerung von Buchholz galten innerhalb der Stadt zuerst einmal unterschiedliche Postleitzahlen. Buchholz hatte in seinen alten Grenzen die „2110“, wozu auch Seppensen und Trelde gehörten. Sprötze hatte die „2113“, Holm-Seppensen (nur der zu Lüllau gehörende Teil) die „2115“. Im Übrigen gab es die Postleitzahl 2111, die für viele kleinere Gemeinden ohne Zustellpostamt im Landkreis galt, so für Steinbeck und Holm, aber auch für Welle, Heidenau oder Otter.

Nach der Gebietsreform galt in ganz Buchholz in seinen neuen Grenzen nur noch „2110“ (bis zum Jahre 1993, als nach der deutschen Einigung in ganz Deutschland die fünfstelligen Postleitzahlen eingeführt wurden). Fast alle waren damit einverstanden. In der Siedlung Holm-Seppensen waren allerdings Stimmen zu hören, die dies Verfahren mit dem „Auslöschen der alten Gemeinden“ gleichsetzten. Die Harburger Anzeigen und Nachrichten berichteten am 10. 1. 1973, dass Wörme mit Büsenbachtal und Pferdekopf künftig auch weiterhin die Postleitzahl von Handeloh und damit von Hanstedt nutzen sollte. Dies sorgte in Buchholz für einige Unruhe, da befürchtet wurde, damit sollte die Zugehörigkeit zu Handeloh zementiert werden. Stadtdirektor Haupt beruhigte jedoch. Die Umgliederung von Wörme nach Buchholz dauere zwar, würde aber kommen. Zweifel seien nicht angebracht. Leider kam es dann doch anders, wie schon beschrieben wurde (vgl. Kapitel 8).

Straßenumbenennungen gehen reibungslos über die Bühne

Die Post drängelte: Viele Straßennamen gab es in Buchholz nach der Gebietsreform doppelt, einige sogar dreifach (Wiesenweg, Birkenweg, Tannenweg, Lönsweg bzw. Hermann-Löns-Weg, Lindenstraße, Am Hang, Friedshofstraße und Drosselweg). Übertroffen wurde dies nur noch vom „Flurweg“, den es viermal gab, in Alt-Buchholz, Seppensen, Steinbeck und Dibbersen.

Für die Benennung von Straßen war ab 1. Juli 1972 der Rat der Stadt Buchholz zuständig. Er musste jedoch – s. Gebietsänderungsverträge – die Ortsräte „hören“, letztlich also gemeinsam mit ihnen beraten. Immer wieder hörte man, z. B. aus Hamburg, dass anhaltende und teilweise scharfe Debatten in der Öffentlichkeit stattfanden, wenn eine Straße umbenannt werden sollte. Die persönliche Adresse ist für sehr viele emotional besetzt. Entsprechend vorsichtig gingen Buchholzer Bürgermeister und Stadtdirektor mit diesem Thema um. Den Ortsräten gingen ausführliche Drucksachen zu. Der Stadtdirektor erschien persönlich bei den entsprechenden Ortsratssitzungen.

Umso überraschter war man in Alt-Buchholz, als die Ortsräte ausgesprochen emotionsfrei reagierten. Zwar gab es die eine oder andere Meinungsverschiedenheit, die aber schnell aufgelöst werden konnte. Dies erklärte sich damit, dass es in den Ortschaften vielfach erst wenige Jahre her war, dass überhaupt Straßennamen eingeführt wurden. In Sprötze wurde dies erst 1960 beschlossen, in Dibbersen sogar erst im Dezember 1969 bzw. März 1970. Da bestand noch nicht viel Zeit, sich mit „seinem" Straßennamen zu identifizieren. Im Gegenteil: Nicht wenige alteingesessene Bürgerinnen und Bürger hielten die Vergabe von Straßennamen damals ganz allgemein noch für weitgehend überflüssig.

In Holm und Reindorf musste man sich überhaupt nicht mit Umbenennungen beschäftigen. Hier gab es auch 1972 noch keine Straßennamen. Hier galt immer noch die alte Regel: Die Häuser werden der Reihe nach durchnummeriert, es gilt das Datum der Gebäudefertigstellung. Mit der Gebietsreform sollte diese Regel nun allerdings spätestens überholt sein. In der Stadtratssitzung am 27. März 1973 begann denn auch für Holm adressentechnisch die Neuzeit. Nicht allerdings in Reindorf. Hier wurden Straßennamen erst im Sommer 1992 eingeführt.

Mit der Kommunalwahl 1972 endet die Übergangsphase

Ganz zwangsläufig wuchs Buchholz schon im Vorfeld der Kommunalwahl ein wenig zusammen. Die Parteien stellten Wahlprogramme auf, die den Wählerinnen und Wählern in ganz Buchholz schmackhaft machen sollten, ihr Kreuz an einer ganz bestimmten Stelle zu machen. 1972 hatte jeder und jede Wählende bei der Stadtratswahl übrigens genau ein Kreuz,

Die „Schlesienstraße" in Sprötze hieß bis 1972 „Breslauer Straße".

Die Straße „Am Kattenberge" hieß bis 1972 „Lohbergenweg". Der Weg war ja bis zum Bahnbau 1874 die direkte Verbindung von Meilsen und Steinbeck in den Lohbergenforst. Die Bremer Straße hieß auf Steinbecker Gebiet bis 1972 „Buchholzer Straße".

das zu vergeben war, entweder für eine bestimmte kandidierende Person oder für eine der Listen, die die Parteien und Wählergemeinschaften aufstellten. Rechnet man allerdings Stadtrats-, Ortsrats- und Kreistagswahl zusammen, waren es dann doch immerhin drei Stimmen, die zu vergeben waren, jedenfalls dann, wenn man in einer der Ortschaften wohnte. Da selten mehr als vier Listen zur Wahl standen, ging das Auszählen der Stimmen am Wahlabend normalerweise ausgesprochen schnell. Spätestens um acht wusste man Bescheid.

Auch durch das Aufstellen der Kandidatenlisten wurde viel zur Eingliederung und zur Entstehung eines Wir-Gefühls beigetragen. In fast allen Ortschaften gab es genau wie in Buchholz „Platzhirsche", die bekannt waren, und deren Platzierung auf den Listen genau registriert wurde. Bei der Wahl zum Stadtrat wurde dieser Effekt noch dadurch unterstützt, dass einer der „Hirsche" eine Frau war, nämlich Margareta Braasch. Erstmalig (für die SPD und für ganz Buchholz) kandidierte mit ihr eine Frau für das Amt der Bürgermeisterin.

Ging man die Listen durch, sah man sofort, dass die Parteien sorgfältig darauf geachtet hatten, auch Vertreterinnen und Vertreter der Ortschaften auf aussichtsreichen Plätzen unterzubringen. Von den

Margareta Braasch war von 1976 bis 1981 Bürgermeisterin von Buchholz. Hier gratulieren ihr Alt-Bürgermeister Dr. Adolf Matthies und Stadtdirektor Dieter Ohnesorge zu ihrer Wahl.

schließlich gewählten 35 Ratsmitgliedern kamen neun aus den Ortschaften, darunter vier ehemalige Gemeindebürgermeister.

Hier ist nicht der Ort, die Wahlergebnisse zu dokumentieren und zu kommentieren. Interessant ist aber doch, dass fast zeitgleich der Wahlkampf zur Bundestagswahl stattfand. Die Kommunalwahl war auf den 22. Oktober und die Bundestagswahl auf den 19. November 1972 gelegt. Die bundesweite Stimmung nach dem gescheiterten konstruktiven Misstrauensvotum am 23. April desselben Jahres spielte Bundeskanzler Willy Brandt und der sozialliberalen Koalition in die Hände. Dies wirkte sich auch auf der kommunalen Ebene aus. Die SPD erzielte mit 45,8 Prozent der Stimmen ihr bestes Ergebnis seit 1945, während die CDU auf 43,2 Prozent kam. Trotzdem blieb Dr. Adolf Matthies von der CDU Bürgermeister. Dahinter steckte ein unschönes „Bäumchen-wechsel-dich-Spiel“ der Unabhängigen Wählergemeinschaft, das an anderer Stelle ausführlich beschrieben ist. Adolf Matthies versprach jedenfalls nach seiner Wiederwahl, dass er dafür sorgen wollte, dass zukünftig auch immer wieder einmal Ratssitzungen in den Ortschaften stattfanden.

Sicher war eines: Ohne Gebietsreform wäre Margareta Braasch schon 1972 in Alt-Buchholz und nicht erst 1976 im neuen Buchholz Bürgermeisterin geworden. Denn die eingemeindeten Ortschaften wählten, zumindest zu dieser Zeit, eindeutig konservativer als Alt-Buchholz.

Bürgermeister Dr. Adolf Matthies und Stadtdirektor Albert Haupt nahmen in allen Ortschaften, teils gemeinsam, teils mit verteilten Rollen, an den jeweiligen konstituierenden Sitzungen der Ortsräte, aber auch noch an den folgenden Ortsratszusammenkünften teil. Manchmal waren fünf oder sogar sechs Personen aus dem Buchholzer Rathaus dabei. Die Ortsräte und Ortsbürgermeister fühlten sich in ihrer neuen Rolle akzeptiert.

11 - Die Debatte um ein neues Rathaus beschäftigt Buchholz lange

Alle neuen Gemeinden brauchen mehr Platz für die Verwaltung

Mit der Gebietsreform sortierte sich die Verwaltung in allen Gemeinden neu. In den Samtgemeinden blieben die Mitgliedsgemeinden zwar selbständig. Aber sie gaben sehr viele Aufgaben an die Samtgemeinden ab. Es musste also am Sitz der Samtgemeindeverwaltungen erheblicher zusätzlicher Raum für Büros, Ablagen, Archive, Sitzungsräume etc. organisiert werden. In den Einheitsgemeinden wurden fast alle Gemeindebüros in den kleineren Ortschaften aufgelöst, was allein schon durch die Übernahme von Personal und Akten einigen zusätzlichen Platzbedarf auslöste, so auch in Buchholz. In Seevetal und Rosengarten war es noch extremer. Nenndorf mit seiner Bevölkerungszahl in den alten Grenzen stand zu Rosengarten im Verhältnis von eins zu vier, in Hittfeld sah es ähnlich aus.

In Buchholz wuchs die Zahl der Mitarbeiterinnen und Mitarbeiter im Ordnungsamt am 1. Juli 1972 schlagartig um sieben Personen. Denn so viele fest angestellte Bürokräfte gab es in den eingegliederten Gemeinden, und alle hatten bisher überwiegend Dinge getan, die zu den Aufgaben eines Ordnungsamtes gehören: Frau Pastorino aus Dibbersen, Frau Koch aus Steinbeck, Frau Cohrs aus Trelde, Frau Fischer

Das neue Rathaus für die Einheitsgemeinde Rosengarten wurde 1977 fertiggestellt. Die Gemeinde und ihre Aufgaben wuchsen jedoch so schnell, dass 2019 bereits ein zweiter großzügiger Neubau eingeweiht wurde. Das Foto zeigt den jüngsten Neubau.

In Seevetal dauerte es fast 20 Jahre, bis das heutige repräsentative Rathaus in Hittfeld bezogen werden konnte. Bis dahin gab es Zwischenlösungen.

aus Sprötze, Frau Karlsen aus Seppensen, sowie als einzige Herren Herr Behrens, ebenfalls aus Sprötze und Herr Hermann Böhring aus Holm. Der war im Übrigen der einzige, der vor der Gebietsreform die damals bestehende Möglichkeit nutzte, zugleich gewählter Bürgermeister und hauptamtliche Verwaltungskraft zu sein. Sprötze wiederum war finanziell so gut ausgerüstet, dass es sich außer der üblichen Bürokraft auch noch einen Gemeindedirektor, nämlich Herrn Behrens, leisten konnte. In Kapitel 9 wurde bereits das Ritscher-Werk als potenter Gewerbesteuerzahler erwähnt. Über entsprechende Einnahmequellen verfügte keine der anderen zu Buchholz stoßenden Gemeinden.

Ein Hauptziel der Gebiets- und Verwaltungsreform war auch (vgl. Kapitel 7), die Zuständigkeiten der Gemeinden, Landkreise und Regierungsbezirke zu überprüfen. Die Gemeinden sollten ja gerade durch die Gebietsreform so kräftig werden, dass sie mehr Aufgaben dezentral an der Basis erledigen konnten, man also nicht so häufig auf die Kreisverwaltung angewiesen war. Dies wirkte sich an vielen Stellen aus. So wurden die Gemeinden nun, um nur Beispiele zu nennen, auch für die Erteilung von Waffenscheinen, für das Ausstellen und Einziehen von Pässen, für die Bearbeitung von Einbürgerungsanträgen, für die Änderung von Familien- und Vornamen, für zahlreiche Gewerbeaufsichtsaufgaben und vieles andere mehr zuständig, lauter Dinge, die zum sogenannten „übertragenen Wirkungskreis“ gehören, worin der Rat also nicht zuständig ist. Die Kontrolle erfolgte und erfolgt bis heute durch die Kreisverwaltung und die Regierungspräsidien bzw. ihre Nachfolgebehörden.

Der Buchholzer Stadtdirektor wird aktiv

Anfang Januar 1973 gab der Buchholzer Stadtdirektor Albert Haupt einen Jahresrückblick zur Verwaltungstätigkeit an die Presse. Seit der Gebietsreform war bereits ein halbes Jahr vergangen. Es war vom Ausbau des Einwohnermeldewesens und von der

Einführung von EDV die Rede. Das Stadtbauamt war erweitert worden. Der Bau eines Jugendzentrums war beschlossen und voranzutreiben. Die Haushaltsplanung für das Jahr 1973 war noch in vollem Gange – die Kommunalwahl war ja erst im Oktober – und stellte eine kräftezehrende Herausforderung dar. So durfte auch nicht der Hinweis fehlen, dass „die wichtigste im Jahre 1973 anzupackende Aufgabe die Errichtung eines neuen Verwaltungszentrums“ sei, da die einzelnen Ämter völlig zersplittert über die Innenstadt verteilt waren.

Schon im November 1972 beantwortete Albert Haupt eine Umfrage des Niedersächsischen Städtebundes zu den Kosten der Gebiets- und Verwaltungsreform. Er wies darauf hin, dass in Buchholz schon seit 20 Jahren der Neubau eines Verwaltungszentrums diskutiert würde, aber noch nichts entschieden sei, ein zentraler Kostenblock also noch gar nicht bekannt sei. Zudem würde die mittelfristige Zukunft noch einige, in Buchholz bisher überhaupt nicht abgedeckte Flächen- und Funktionsbedarfe entstehen lassen. Er verwies darauf, dass schon der Kommunalwahlkampf des Jahres 1972 von den Themen Kultur, Kommunikation, Jugend- und Altenarbeit geprägt war. Gerade an Lösungen auf diesen Feldern, wo bisher noch fast nichts vorzuzeigen wäre, würden die vielen Neubürger und Neubürgerinnen, fast alle aus Hamburg zugezogen, Rat und Verwaltung also messen. Die Ansprüche würden also erheblich steigen, verstärkt auch durch die Gebietsreform.

Der Rat agiert zurückhaltend

Das Thema „neues Rathaus“ war in Rat und Verwaltung keineswegs neu. Die Debatte zog sich durch die gesamten 1960er Jahre und erreichte im Jahre 1970 einen ersten Höhepunkt (vgl. Kapitel 4). Mit Verweis auf die Gebietsreform hatte man ja gerade den Bau eines neuen Rathauses zurückgestellt. Es könnte also losgehen. Und so wurde tatsächlich die Ideenskizze für ein neues Verwaltungszentrum ausgeschrieben. Fünf Angebote gingen ein, zwei weitere Planungsbüros bekundeten ihr Interesse. Schon im Februar 1973 stand das Thema auf der Tagesordnung des Bauausschusses.

Es wurden jedoch keine Beschlüsse gefasst. Dies durfte nicht wundern, wenn man sich die neuen sehr knappen Mehrheitsverhältnisse im Buchholzer Stadtrat ansah (vgl. Kapitel 10). CDU und UWG verfügten über die Bürgermeistermehrheit von genau einer Stimme. Der damit noch einmal gewählte Bürgermeister Dr. Adolf Matthies war schon in den vergangenen Ratsperioden kein Freund großer Lösungen. Und unabhängige Wählergemeinschaften tendieren von ihrem Selbstverständnis her grundsätzlich ungern zu großen Investitionen in die Verwaltungsinfrastruktur. Die SPD hatte in der Kommunalwahl mit einem Programm großen Erfolg gehabt, das ein Jugendzentrum, eine Altenbegegnungsstätte und weitere Kindergärten, aber auch eine moderne Stadtbücherei forderte, um nur einiges zu nennen. Da hatte ein neues Rathaus keine Priorität und tauchte im SPD-Wahlprogramm von 1972 auch überhaupt nicht auf.

Der neue Stadtdirektor, Dieter Ohnesorge (seit Juni 1974), machte wie sein Vorgänger zwar Druck, indem er unmissverständlich darauf hinwies, dass erhebliche zusätzliche Büroräume angemietet werden müssten. Ein Gutachten der Berufsgenossenschaft kam zu dem Ergebnis, dass 500 Quadratmeter Bürofläche akut fehlten. Und das war auch nur eine nackte Zahl. Der bauliche Zustand des Alten Rathauses war die andere Herausforderung. Er war weder Bediensteten noch Besuchern zuzumuten. Das Dach war an mehreren Stellen undicht. Durch die Fenster zog es fast überall „wie Hechtsuppe“. Geheizt wurde bis in die ersten 1970er Jahre mit ölbetriebenen Bolleröfen, die morgens früh von Hausmeister Mecklenburg Zimmer für Zimmer mit einer großen Ölkanne mit langem Ausguss in Gang gesetzt wurden. Erst in der zweiten Hälfte der 1970er Jahre wurden die Öfen durch eine Zentralheizung ersetzt. Die erforderlichen Rohre führten nun offen sichtbar durch alle Büroräume.

Toiletten gab es lange Zeit im ganzen Gebäude nur zwei auf jeweils halber Treppe, für Damen und Herren nicht getrennt und auch nicht sonderlich geruchsneutral. Eine gesonderte Besuchertoilette war da natürlich nicht dabei. Erst in der zweiten Hälfte der 1970er Jahre wurde im Erdgeschoss eine gesonderte Damentoilette eingebaut. Die WCs auf halber Treppe waren nun den Herren vorbehalten. Auf der Gebäuderückseite gab es eine öffentliche Toilette, die im Sommer durchaus atmosphärisch auf sich aufmerksam machen konnte. Mit wenigen Worten: Am Alten Rathaus gab es einen erheblichen Sanierungsstau. Da seit Ende der 1960er Jahre in Verwaltung und Öffentlichkeit über einen Abriss diskutiert wurde (vgl. Kapitel 4), wurde die Sanierung nie konsequent in Angriff genommen. Erst mit dem Amtsantritt von Stadtdirektor Ohnesorge wurden einige besonders dringende Maßnahmen ergriffen.

Ortsbesichtigung Neues Rathaus in Bocholt

Im Jahre 1979 kochte erneut die Debatte um ein neues Rathaus hoch. Auf Initiative von Herrn Ohnesorge wurden einige neue Rathäuser von Städten gleicher Größenordnung besucht. Neben Bürgermeisterin und Stadtdirektor waren die einzelnen Fraktionen im Rat beteiligt. Das interessanteste besuchte Rathaus war das in Bocholt am Niederrhein. Zwar hat Bocholt (heute) 71.000 Einwohner. Und es verfügt über ein repräsentatives Altes Rathaus im Stil der Weserrenaissance. Dadurch musste mit dem im Jahre 1977 fertiggestellten Neuen Rathaus aber auch nicht für die gesamte Verwaltung Platz geschaffen werden. Das Büroflächendefizit war in Buchholz und in Bocholt ungefähr gleich groß. Reiner Zufall ist, dass „Bocholt" als Name exakt dieselbe Bedeutung wie „Buchholz" hat, das ja im Laufe seiner Geschichte auch zeitweise „Bokholt" geschrieben wurde. Das Wappen von Bocholt zeigt eine Buche.

Beim Besuch des Neuen Rathauses in Bocholt kam es nicht auf die Architektur, sondern auf die Funktionsvielfalt in Verbindung mit der Verwaltung an.

Das Besondere am Bocholter Neuen Rathaus war und ist, dass das gesamte Erdgeschoss Nutzungen enthält, die „publikumsintensiv" sind. Hier liegt das Bürgerbüro, hier liegt eine Außenstelle des Kreises Borken, hier gibt es Sitzungssäle in unterschiedlichsten Größen – auch für den Rat – hier befinden sich das Kulturzentrum der Stadt und ein Theater mit 700 Plätzen. Ganz in der Nähe liegt ein Gymnasium, das für Veranstaltungen gern auf die Räumlichkeiten im Erdgeschoss des Neuen Rathauses zurückgriff und -greift. Auch durch diese Besichtigungstour kam jedoch keine Bewegung in die Rathausdebatte.

Druck durch Abriss des Alten Rathauses

Im März 1980 geriet das Alte Rathaus am Standort der heutigen Empore wieder in die Schlagzeilen. Es wurde über massive Bauschäden berichtet, die einen Abriss unvermeidbar machten. Beim Entsorgen eines der alten Halleröfen wurde die Metallplatte, auf der er stand, hochgenommen – darunter ging der Blick ins Leere. Mehrere Dielen waren völlig vermodert. Jetzt wurde der Landkreis eingeschaltet. Bald war klar: Das Gebäude wäre nicht mehr nutzbar, ein Abriss wohl unvermeidbar.

Sofort gründete sich eine Bürgerinitiative („Rettet das Rathaus!"), die dies infrage stellte. Umgekehrt

Der Abriss des Alten Rathauses wirkte auf viele wie ein Schock. Die wenigsten derer, die sich für den Erhalt einsetzten, waren allerdings über das Ausmaß der Gebäudeschäden informiert.

wäre das Alte Rathaus für die Stadt Buchholz und ihre Bewohner ein Baudenkmal, das als eins der letzten Zeugnisse der 1910er Jahre unbedingt erhalten werden müsste. Innerhalb einer Woche sammelte die Initiative 1200 Unterschriften gegen den Abriss.

Eine Woche später, noch immer im März 1980, zog die Verwaltung aus dem Alten Rathaus aus, da unmittelbare Einsturzgefahr festgestellt worden war. Im Verwaltungsausschuss wurde beschlossen, die betroffenen Bediensteten und Akten in Containern unterzubringen. Dieser Beschluss war jedoch leichter gefasst als umgesetzt. Mögliche Standorte hätten auf der Rückseite des Alten Rathauses oder aber auch neben dem Verwaltungsgebäude in der alten Mittelschule gefunden werden können. Geeignete Container (z. B. mit Toiletten) waren so schnell jedoch nicht auf dem Markt zu finden. Die Bediensteten brauchten aber sofort eine Bleibe. Deshalb wurden Büroräume angemietet. Und am 22. April 1980 wurde das Rathaus tatsächlich abgerissen. Die Bürgerinitiative und die Presse bezeichneten dies als „Nacht- und Nebelaktion“. Schließlich hatte sich die Buchholzer SPD gemeinsam mit ihrer Bürgermeisterin Margareta Braasch noch am Vortag für den Erhalt ausgesprochen. Am Abend desselben Tages beschloss der Verwaltungsausschuss in einer Sondersitzung den Abriss. Die Debatte ist im Sitzungsprotokoll bedauerlicherweise nicht festgehalten. Die Bagger wurden noch in der Nacht mobilisiert. Formal war alles korrekt gelaufen.

Schon Anfang Mai 1980 stellte der externe Stadtplaner Jürgen Baumbach seinen Entwurf für ein neues Rathaus am Standort der heutigen Empore vor. Dafür brauchte er nur in die Schublade zu greifen. Denn dort fand sich der Entwurf, den er bereits 1970 bei Beginn seiner Tätigkeit vorgelegt hatte (vgl. Kapitel 4). Eine Bürgerinitiative skizzierte einen Gegenentwurf. Im Rat ließ man sich dann aber erst einmal wieder Zeit. Priorität hatten die sehr aufwändigen Bebauungspläne für die Innenstadt – von Neuer Straße bis Radeland, von Schützenstraße bis Lindenstraße, die 1981 verabschiedet wurden. Zugleich wurde das neue Stadtwerkegebäude im Gewerbegebiet I in der Maurerstraße fertig. Die Stadtwerke machten also ihr bisheriges Gebäude in der Schützenstraße 17 frei. Die Raumfrage für die Verwaltung entspannte sich ein Stück.

Die preiswerteste Variante erhält den Zuschlag

1981 war zugleich Kommunalwahl. Und wieder war es so, dass sich die Parteien sehr zurückhielten, was eine große Rathaus-Lösung betraf. 1983 kam es dann allerdings zum Schwur, nachdem bekannt wurde, dass Cohrs Hotel zugunsten des City-Centers (heute Buchholzer Höfe) abgerissen werden sollte. Im großen Saal bei Cohrs tagte seit langem der Rat der Stadt Buchholz. Nun musste also auch noch ohne Wenn und Aber eine Lösung gefunden werden, die einen Raum enthielt, in dem der Rat tagen konnte.

Da die CDU seit der Kommunalwahl 1981 über eine absolute Ratsmehrheit verfügte, konnte sie selbst die Grundrichtung vorgeben. Und wieder setzten sich bei ihr die Verfechter einer moderaten Lösung durch. Im April 1983 wurde ein Planungswettbewerb ausgeschrieben. Dessen wichtigster Eckpunkt war die Vorgabe, dass das neue Rathaus ein Anbau an die alten, ehemaligen Schulgebäude Breite Straße 27/Hamburger Straße 1 werden sollte, wo sich unter anderem schon das Bauamt befand. Eine große Rathaus-Lösung, etwa im Stil des Baumbach-Entwurfs, wurde als zu teuer angesehen, die „Schulden der Stadt würden sich verdoppeln".

Das Wettbewerbsergebnis wurde im November 1983 einstimmig im Rat beschlossen. Die Verfechter einer großen Lösung waren in allen Fraktionen deutlich in

So stellt sich die Bürgerinitiative ein neues Buchholzer Rathaus vor. Standort: Die Wiese zwischen dem Platz am Verwaltungsgebäude II und der Steinstraße.

Zum Vergleich das Rathausmodell des Stadtplaners (Reproduktion einer Abbildung im Haushalt 1980)

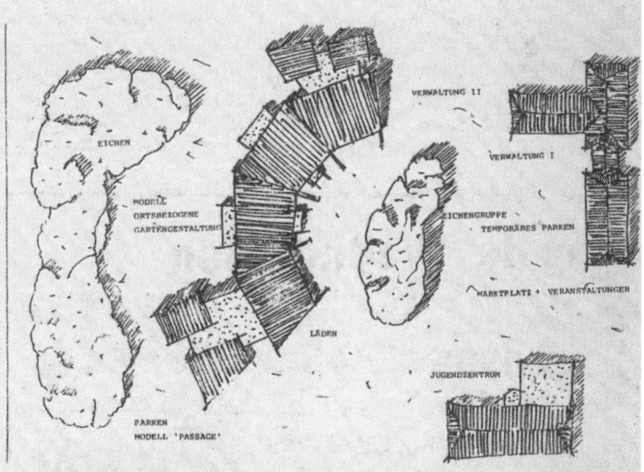

Das von der Bürgerinitiative vorgeschlagene Verwaltungszentrum aus der Vogelperspektive: Rechts im Bild die vorhandene Bausubstanz (Alte Realschule und Jugendzentrum), links und in der Mitte die Baumgruppen, dazwischen halbkreisförmig ein Rathausneubau, in dem auch Sitzungszimmer und der Kommunikation dienende Räumlichkeiten Platz finden könnten.

Im Nordheide-Wochenblatt wurden die beiden Entwürfe anschaulich einander gegenübergestellt. Der Entwurf der Bürgerinitiative unterschied sich nicht mehr viel von der Lösung, die dann tatsächlich realisiert wurde.

der Minderheit, so dass es zu einer großen fraktionsübergreifenden Mehrheit kam. Am 13. Dezember 1986 wurde der moderne Anbau an das Verwaltungsgebäude in der alten Mittelschule eingeweiht.

Das heutige Rathaus bietet eine architektonisch sehr interessante Mischung aus verschiedenen Backsteinstilen der 1900er, 1930er und 1980er Jahre.

Mit der Empore wird ein Schlussstrich gezogen

Währenddessen lag die „Rathauswiese", also das städtische Grundstück, auf dem einmal das Alte Rathaus stand, brach. Sollte hier überhaupt noch ein städtisches Gebäude entstehen? Die Meinungen gingen weit auseinander. In der Öffentlichkeit mehrten sich die Stimmen, dass eine Art Parkanlage im Zentrum von Buchholz doch eigentlich etwas sehr Passendes sein könnte. Auch in allen Fraktionen gabt es Fürsprecher dieser Grünlösung.

Der mit der Kommunalwahl 1981 gewählte Buchholzer Bürgermeister Hans Heinrich Schmidt wünschte sich im Januar 1984 jedoch eine Art „Veranstaltungshalle" auf der Rathauswiese. Im Februar 1984 wurde daraus ein einstimmiger, in der Öffentlichkeit allerdings heftig kritisierter Ratsbeschluss, dort ein „Rathaus" zu bauen. Dabei wurde von Seiten der CDU ausdrücklich betont, dass sich am bereits beschlossenen Anbau an die Verwaltungsgebäude an der Hamburger Straße 1, also an der alten Mittelschule, nichts ändern sollte. Der CDU und mit ihr dem ganzen Rat ging es darum, in dem „Rathaus" repräsentative Funktionen zu konzentrieren, also einen Festsaal, der sich auch für die Ratssitzungen eignete, dazu z. B. das Standesamt und die Büroräume von Bürgermeister und Stadtdirektor. Im Herbst 1984 war daraus ein „Bürgerhaus mit einem Saal für z. B. 300 Personen" geworden.

Ein Ideenwettbewerb wurde ausgeschrieben. Keiner der drei eingereichten Entwürfe überzeugte jedoch. Noch einmal wurde eine Bürgerinitiative aktiv und überreichte dem Bürgermeister 1000 Unterschriften gegen jegliche Bebauung auf der Rathauswiese. Bei der Kommunalwahl 1986 änderte sich allerdings nur wenig an den politischen Kräfteverhältnissen. Es wurde weiter geplant, zumal nun auch im Herbst 1986 in der unmittelbaren Nachbarschaft das neue „City-Center" (heute Buchholzer Höfe) eröffnet wurde. Im August 1987 sprach man vom „Bürgerrathaus". Im April 1988 wurde der Bau eines „Ratssaals" auf der Rathauswiese beschlossen, wieder begleitet von öffentlicher Kritik. Um Missverständnissen vorzubeugen, wurde in derselben Ratssitzung auch beschlossen, den Verwaltungsgebäudekomplex an den alten Schulgebäuden ganz offiziell als „Rathaus" zu bezeichnen. Im März 1990 erfolgte die Grundsteinle-

Die Empore als Baukörper wirkte auf nicht wenige Buchholzer zu Beginn überdimensioniert. Inzwischen ist sie von der benachbarten Bebauung eingeholt worden.

Im Rathauseingang spiegelt sich das heutige Baudezernat.

Das heutige Gebäude des Standesamtes hat eine vielfältige Geschichte hinter sich. Ursprünglich lag hier die Heide-Apotheke mit ihrem Eingang noch von der Kirchenstraße her. Später war es z. B. mal Jugendamt oder mal Stadtbücherei, bevor das Standesamt im Jahre 1991 einzog.

gung für den Saal am Standort des Alten Rathauses. Am 7. September 1991 wurde das Gebäude feierlich eröffnet, nun unter dem Namen „Empore“. Mit Sitzungen des Buchholzer Stadtrates hatte die Empore seitdem allerdings fast nichts mehr zu tun.

Im Ergebnis war vom ursprünglichen „Rathaus“ des Beschlusses vom Februar 1984 nur der Veranstaltungssaal übrig. Die Ratssitzungen fanden und finden in der dafür ausreichend dimensionierten Kantine der Verwaltungsgebäude Hamburger Str. 1 statt (heute Rathausplatz). Stadtdirektor und Bürgermeister residierten ebenfalls in diesem Gebäude, mittlerweile nur noch der Bürgermeister mit seinen Aufgaben als Chef der Verwaltung. Das Standesamt zog in das Gebäude Kirchenstraße 12, wo es angemessen untergebracht war und ist. Wer heute ein historischeres Umfeld für die Trauung sucht, kann in der Dibberser Mühle, beim „Vierdörfer Dönz“ in Sprötze oder im Sommer auch in Sniers Hus in Seppensen heiraten. Es blieb die Funktion des modernen Veranstaltungssaals, die unbestritten im Mittelzentrum Buchholz spätestens seit dem Abriss von Hotel Cohrs verwaist war. Sie wird seitdem von der Empore mit einem sehr attraktiven Programm ausgefüllt.

12 - Ist Buchholz auf dem Weg zur „richtigen“ Stadt angekommen?

Die Antwort lautet uneingeschränkt „ja“

Die Einwohnerzahl allein sagt nicht viel. Aber es ist doch bemerkenswert, dass Buchholz mit seinen ca. 42 000 Einwohnern (2019) mittlerweile die viertgrößte Stadt in der Lüneburger Heide ist. Nur Lüneburg (ca. 78 000 Einwohner), Celle (ca. 70 000 Einwohner) und, wenn man es noch mitrechnet, Stade (ca. 48 000 Einwohner) sind größer. Buxtehude (ca. 40 000 Einwohner) wurde um 2010, Winsen (ca. 35 000 Einwohner) schon in den 1960er Jahren überholt.

Buchholz verfügt zudem über ca. 11 300 Arbeitsplätze. Nur ca. 4100 davon sind von Buchholzerinnen und Buchholzern besetzt. Auf gut 7200 Stellen arbeiten Einpendlerinnen und Einpendler aus der näheren und weiteren Umgebung, auch aus Hamburg. Die Buchholzer arbeiten dagegen ihrerseits zu einem sehr großen Teil in Hamburg, einige auch im übrigen Landkreis Harburg. Die Zahl der Auspendler liegt bei ca. 11 400.

Diese intensive räumliche Verflechtung ist für Städte im Umland einer Millionenmetropole wie Hamburg nichts Ungewöhnliches, ja sogar eine Selbstverständlichkeit. Denn das Hamburger Wohnungsangebot ist seit dem Zweiten Weltkrieg (und auch übrigens davor) eigentlich immer kleiner als die Nachfrage. Also müssen viele von denen, die eine Wohnung suchen, ins Umland ausweichen. Und so ziehen Jahr für Jahr zahlreiche Haushalte, in vielen Jahren sogar hunderte auch nach Buchholz. Das Wohnungsangebot, das sie hier finden, sorgt dafür, dass dies überwiegend Haushalte mit einer guten finanziellen Perspektive sind. Buchholz ist jedoch auch für Hamburger Haushalte mit nicht so üppigem Einkommen auf der Suche nach einer Wohnung oder einem Haus kein Geheimtipp.

Die Entwicklung zu einer Stadt, die von Bürgern oder Besucherinnen auch wirklich als „Stadt“ empfunden wird, geht jedoch über solche Zahlen hinaus. Nur eines auf dem Weg zur „richtigen“ Stadt ist ganz unmittelbar mit einer Zahl und zwar mit

Das alte Meyersche Hofgebäude in der Kirchenstrasse 6 konnte nicht erhalten werden. Die Lage ist durch die im Hintergrund stehende, heute noch weitgehend unveränderte Sozialwohnungszeile an der Adolfstraße in Höhe des Stadtbus-Treffpunktes erkennbar.

Im gleichen Blickwinkel fotografiert wie das Meyersche Hofgebäude liegt heute der Gebäudekomplex, in dem sich unter anderem die Stadtbücherei befindet.

Blick über den Empore-Teich auf die Volksbank und die Buchholzer Höfe (ehemaliges City-Center)

30 000 verbunden. Mitte 1984 überschritt Buchholz diese Einwohnerzahl und wurde damit „selbstständige Stadt“. Sie wurde u. a. für Wohngeld und einige sozialbehördliche Aufgaben zuständig und wurde Baugenehmigungsbehörde.

Das „städtische Gepräge“ kann sich sehen lassen

Ein Buchholzer, der 1970 kurz vor der Gebietsreform die Stadt verlassen hat und 2022 zurückkehrt, findet sich im Stadtzentrum kaum noch zurecht. „Dörfliches Gepräge“, wie Misthaufen, Streuobstwiesen, krähende Hähne und wackelige Hühnerställe, abgängige Scheunen und immer wieder mehr oder weniger gut erhaltene alte Hofgebäude, gibt es nicht mehr. Heute stehen im Kern der Stadt noch genau zwei ehemalige bäuerliche Wohngebäude. Sie sind in gutem Zustand und verfügen über eine Nutzung, die einem Mittelzentrum entspricht. Das eine ist das Mehrgenerationenhaus „Kaleidoskop“ in der Steinstraße 2, früher das Wohngebäude des Hof Albers (bzw. historisch „Schroers Hoff“). Das andere ist das Gebäude Breite Straße 20, das von Immobiliendienstleistern genutzt wird. Dies war das Wohngebäude des Hof Behrens (historisch „Steppens Hoff“).

Beide sind Kandidaten dafür, unter Denkmalschutz gestellt zu werden. Denn viel Bausubstanz, die sich dafür eignet, gibt es im Buchholzer Stadtzentrum nicht mehr. Bisher sind hier genau zwei Gebäude bzw. Gebäudekomplexe als Denkmäler registriert, nämlich die Paulus-Kirche und die alten Schulgebäude, die heute zum Rathaus gehören. Diese Baudenkmäler sind heute in die moderne Innenstadt integriert, die ansonsten nur mit Neubauten punkten kann.

Die Stadtbusse aus der Gegenrichtung sind ein wenig verspätet!

Und tatsächlich: Die Buchholzer Höfe (das „alte“ City-Center), die Empore, das Volksbankgebäude und die Buchholz-Galerie sind, jeweils für ihr Jahrzehnt, durchaus Hingucker. Zudem liegen sie alle in der Fußgängerzone, die dem imaginären Buchholzer von 1970 die Orientierung nicht einfacher macht. Der Straßenraum sieht völlig anders aus, und nur sehr wenige der heutigen Gebäude gab es damals schon.

Mittlerweile gibt es im Stadtzentrum keine Bauflächenreserven mehr. Die einzigen Ausnahmen sind die Brachfläche zwischen Volksbankgebäude und Schützenstraße sowie der anschließende Parkplatz zwischen Thomasweg und Schützenstraße. Alles, was darüber hinaus in der Innenstadt gebaut werden soll und wird, ist zwangsläufig damit verbunden, dass alte Bausubstanz abgerissen wird. Man muss nicht lange suchen, um dafür Kandidaten zu finden, ob in der Kirchenstraße, Hamburger Straße, Poststraße oder Neuen Straße. Und das ist überall das Kennzeichen für mehr oder weniger alte Stadtzentren. Die Betonung liegt auf „Stadt“. Dörfer sehen eben auch in dieser Hinsicht anders aus.

Modernes mittelstädtisches Nahverkehrssystem

Die Fußgängerzone bietet nicht nur ein Gebäudeensemble mit (klein-)städtischem Bild und Geschäften, Dienstleistungen und weiteren Nutzungen, die für ein Mittelzentrum charakteristisch sind. Die Fußgängerzone ist auch ein Teil des Nahverkehrssystems von Buchholz.

Fußgängerzone, Parkraumbewirtschaftung und Stadtbussystem müssen im Zusammenhang gesehen werden. Das tat Buchholz allerdings lange Zeit nicht. Die drei Ansätze wurden ursprünglich jeder für sich betrieben. Schon 1968 wurden die ersten Parkuhren in der Poststraße installiert (vgl. Kapitel 4). Schon 1975 fuhr eine Zeitlang ein einsamer Stadtbus auf einer krummen Route und zu schwer merkbaren Zeiten durch die Stadt. Seine Auslastung war so niedrig, dass er bald eingestellt wurde. Und der erste Abschnitt der Fußgängerzone in der Breiten Straße wurde 1985 eingeweiht.

1996 wurde schließlich ein anspruchsvolles Nahverkehrssystem für die Innenstadt eingerichtet. Die Fußgängerzone existierte bereits in ihrer ganzen Länge von der Bremer Straße bis zur Adolfstraße. Im gesamten Innenstadtring wurde nun der Parkraum bewirtschaftet. Das bis dahin fast überall noch kostenlose Parken führte zu unhaltbaren Zuständen. Um eine Alternative zum Pkw anzubieten, wurde ein Stadtbusnetz nach dem Rendezvous-Prinzip aus der Taufe gehoben. Von einem zentralen Treffpunkt (Adolfstraße) starten alle 30 Minuten Busse in zuerst fünf, dann sechs Richtungen und fahren eine Viertelstunde bis zum Rand des Siedlungsgebietes. Dann fahren sie wieder zurück und treffen sich nach einer halben Stunde erneut mit den anderen Bussen, so dass man innerhalb von 30 Minuten von fast überall an fast alle Punkte in der Stadt kommen kann.

In den 1990er Jahren war dies Prinzip in Deutschland noch ganz neu. Mitglieder aus Rat, Verwaltung und Stadtwerken fuhren 1994 nach Lemgo und ließen sich das dort gerade eingeführte System zeigen. Alle waren begeistert. In Rekordzeit wurde das System auch in Buchholz umgesetzt, erleichtert dadurch, dass im Rat seit 1991 eine Mehrheit aus SPD, Grünen und drei Wählergemeinschaften bestand. Von Anfang an wurde der Buchholz-Bus von der Bevölkerung sehr gut angenommen.

Aus „Waldwohngebieten“ werden Wohngebiete ohne Wald

Es wurde bereits beschrieben, wie die Waldwohngebiete ursprünglich einmal in den 1920er und 1930er Jahren entstanden sind (vgl. Kapitel 2). Da der Quadratmeterpreis anfangs sehr niedrig lag, waren die Wochenendhausgrundstücke meist sehr groß. 2000 qm galt als eher klein. 3000 oder 4000 qm waren der Normalfall. 5000 qm waren noch keine Ausnahme. Man ließ die Heide auf den Grundstücken einfach mit Kiefern und Birken „zuwachsen“. Arbeit hatte man mit den Flächen nicht.

Als nach dem Zweiten Weltkrieg viele zuerst einmal dauerhaft in den Wochenendhütten leben mussten und die Gebäude winterfest gemacht wurden, tauchte an vielen Stellen der Wunsch auf, die großen Grundstücke zu teilen. Die Grundstückspreise waren bereits deutlich gestiegen und trotzdem noch im Vergleich mit „normalen“ Baugebieten in anderen Hamburger Umlandgemeinden günstig. Die jeweils betroffenen Bürgermeister versuchten allerdings zu bremsen und wurden darin vom Landkreis und vom Regierungspräsidium in Lüneburg unterstützt. Es gab ja normalerweise noch keine planungsrechtliche Grundlage. Es gab vielfach auch noch keine Wasserversorgung, so dass Brunnen gebohrt werden mussten. Das Abwasser floss in Sickergruben mit Verrieselungssträngen, die über große Teile der Grundstücke reichten.

Dessen ungeachtet kam in den Waldwohngebieten eine Baugenehmigung zur nächsten. An immer mehr Stellen griff die alte Regelung des Bundesbauge-

So sieht es im Sommer 2021 auf dem noch nicht ausgebauten Teil des Klecker Weges aus.

Diese Wohngebäude am Rehkamp standen ursprünglich auf einem einzigen Grundstück, das dann geteilt wurde. Im Hintergrund links ist der Baumbestand eines größeren kaum bebauten Grundstücks am Haidbarg zu sehen. Solche „Bauminseln“ sind heute noch für die ehemaligen Waldwohngebiete charakteristisch, aber wohl nicht mehr lange.

setzes, wonach man so bauen durfte, wie es in der Nachbarschaft üblich war, solange keine Bebauungspläne vorlagen. Und die gab es fast nirgends. Immer mehr Grundstücke wurden in den 1960er, 1970er und 1980er Jahren mit immer größeren Wohngebäuden bebaut. Seit den 1990er Jahren wurden immer mehr Wege an das Kanalnetz angeschlossen und bei dieser Gelegenheit verkehrsberuhigt ausgebaut und mit Straßenbeleuchtung versehen. Die sogenannten „Sandwege“ der Waldwohngebiete wurden immer seltener.

Der „Wald“ der Waldwohngebiete war jedoch zu dieser Zeit noch weitgehend vorhanden. Es handelte sich ja um den Baumbestand, der mehr oder weniger natürlich auf den großen, ehemals mit Heide bestandenen Wochenendhausgrundstücken hochgewachsen war (vgl. Kapitel 2). Seit den 1990er Jahren gab es nun seitens der Stadt weniger Vorbehalte gegen Grundstücksteilungen. Nicht selten vollzog sich dies mehrstufig. Erst wurde z. B. ein 6000-qm-Grundstück in vier Teile geteilt, etwa um eine Erbengemeinschaft aufzulösen. Auf den 1500-qm-Grundstücken wurden dann 10 oder 20 Jahre später so viele Doppelhaushälften oder Reihenhäuser gebaut, wie es sich einrichten ließ. Auf dem alten 6000-qm-Grundstück stehen dann heute schon einmal 15 oder 20 Häuser (vgl. auch Kapitel 2 und 6).

Auch wenn an vielen Stellen nicht ganz so eng bebaut wurde: Der Baumbestand wurde im Zuge der Baumaßnahmen weitgehend abgeholzt. Die Häuser standen dicht an dicht. Ein Unterschied zu Einfamilienhausgebieten, die mit Bebauungsplänen auf Weiden oder Äckern entstanden, war vielerorts kaum noch zu entdecken. Das letzte, das irgendwann an die Waldwohngebiete erinnern wird, sind die häufig sehr langen Pfeifenstielzufahrten, die durch das sehr weitmaschige Straßennetz notwendig waren, also durch das alte Wegenetz der Zufahrten zu den Wochenendhütten. Dieses Wegenetz entsprach im Übrigen vielfach den alten Brandschneisen, die spätestens seit den 1920er und 1930er Jahren freigehalten werden mussten. Denn das Hochwachsen angeflogener Birken und Kiefern begann schon im 19. Jahrhundert (vgl. Kapitel 3). So stieg auch schon damals die Waldbrandgefahr.

Kultur, Sport, jugend- und seniorenorientiertes Angebot

Nicht, dass es 1972 in Buchholz in diesen Bereichen kein großes Angebot gab, sowohl im Zentrum als auch in den Ortschaften. Es gab die Jugendfeuerwehren, Sportvereine, Gesangsvereine, Schützenvereine und Landfrauenvereine, die meist ganz selbstverständlich auf den alten dörflichen Traditionen aufbauten. Nicht zuletzt die Kirchengemeinden boten vieles an, was auf die Interessen der ansässigen Bevölkerung und auch gerade der Jüngeren zugeschnitten war.

Es kam aber wohl niemand auf die Idee, all dies als „städtisch" zu bezeichnen. Das, was sich die gerade in Alt-Buchholz äußerst zahlreichen zuziehenden Neubürger wünschten, sah anders aus. Parallel zur Kommunalwahl 1972 bildete sich die Bürgerinitiative „AG Schlafstadt", die neue Angebote in den Bereichen Theater, Konzert, Malerei etc. organisierte und Forderungen an die neu gewählten Ratsmitglieder stellte. 1978 gründete sich die „Kulturinitiative Buchholz" (KiB) mit derselben Zielsetzung, die ein für eine solche Initiative sehr hohes Lebensalter erreichte.

In diesen Beispielen zeigt sich die Grundrichtung. Hier ist nicht die Stelle, an der die weitere Entwicklung über 50 Jahre zu schildern ist. Es seien nur Stichworte genannt wie Empore, Kunstverein Buchholz, Stadtbücherei, Holmer Mühle, Sniers Hus, Geschichts- und Museumsverein, Dibberser Mühle, Kulturbahnhof Holm-Seppensen, Vierdörfer Dönz in Sprötze, Trintla Cultura in Trelde, dann das Sportzentrum Herrenheide mit seinem immer breiteren Angebot, das Jugendzentrum, die Altenbegegnungsstätte oder das Germut-Scheer-Haus. Es kommt heute eigentlich niemand mehr auf die Idee, Buchholz als „Schlafstadt" zu bezeichnen, wie dies in den 1960er und 1970er Jahren gang und gäbe war. Buchholz ist mittlerweile ausgesprochen „wach" und braucht den

Die AG Schlafstadt organisierte einige spektakuläre Aktionen. Bei einer wurde ein Bett an der Kreuzung Breite Straße/Adolfstraße auf den Bürgersteig gestellt.

Vergleich mit anderen Städten „in seiner Liga" nicht zu scheuen.

Auch die Ortschaften entwickeln sich weiter

Die älteren Sprötzer, Seppenser oder Steinbecker sehen es wahrscheinlich nicht gern: In den Ortschaften verschwinden Stück für Stück die Dinge, die man mit dem alten dörflichen Leben – z. T. noch in den 1970er Jahren – verbunden hatte, wie Gasthöfe, alte Hofgebäude oder kleine Läden. Anstelle dessen entstanden in den Kernen von Holm-Seppensen und Sprötze richtige kleine Subzentren mit Supermärkten, Arztpraxen, Apotheken, einigen Spezialgeschäften, weiteren Dienstleistungen und ein wenig Gastronomie.

An das Gewerbegebiet II – hier im Bild – schließt sich nach Norden der Technologie- und Innovationspark Buchholz an.

Im Zentrum von Holm-Seppensen hat sich in den letzten 30 Jahren das größte Subzentrum unter allen Buchholzer Ortschaften entwickelt.

Auch die Wohnbebauung verdichtet sich. Insbesondere in fußläufiger Entfernung zu den Bahnstationen in Holm-Seppensen und Sprötze werden neue Miet- und Eigentumswohnungen gebaut. Nicht wenige davon werden von Haushalten bewohnt, die aus Hamburg zugezogen sind. Schließlich werden in den Ortschaften Gewerbeflächen geplant und verwirklicht. In den 1970er Jahren ging es mit dem GE I in Steinbeck los. In den 1990er Jahren schlossen das GE II, Möbel Kraft und die Fachmärkte OBI und Mediamarkt mit Famila an. In den 2000er Jahren war das GE III am Trelder Berg dran, nun in den Ortschaften Trelde und Sprötze gelegen. Komplettiert werden diese durch den Technologie- und Innovationspark, der ab 2020 zwischen dem GE II und Dibbersen entsteht. Am Ortsrand von Dibbersen lässt sich zudem 2003 eine McDonalds-Filiale nieder, für viele der klarste Beleg dafür, dass es mit der dörflichen Beschaulichkeit zu Ende ist.

Ist Buchholz inzwischen zu einer geschlossenen Stadt mit einigen vorortartigen Ortschaften zusammengewachsen? Sicherlich nicht, und das wollte und will auch niemand. Optisch sind die Ortschaften gegeneinander abgesetzt, wenn auch vielerorts nicht mehr so klar wie noch in den 1970er Jahren. Aber auch im Bewusstsein der dort Wohnenden ist man zuallererst Dibberser, Holmer oder Reindorfer. Allerdings muss man nur auf die Tagesordnungen der Ortsräte schauen, um zu sehen, dass sich im Vergleich zu den alten Gemeinderatssitzungen etwas Grundlegendes geändert hat. Zum einen tagen die Ortsräte viel seltener. Im Übrigen geht es zwar, wie immer, überwiegend um örtliche Bauvorhaben, Straßenverkehrsthemen und Umweltschutzmaßnahmen, nun aber durchgängig auf der Basis von gesamtstädtischen Konzepten. Das ist das Neue. Das Denken bezieht die ganze Stadt ein. Das ist beim Zusammenwachsen vermutlich das Wichtigste.

Erhebliche innenstadtnahe Entwicklungsreserven – ein Schlüssel zur Zukunft

Für die längerfristige Zukunft verfügt Buchholz über ein Potenzial, das man gar nicht hoch genug einschätzen kann, und das z. B. Winsen oder auch Buxtehude heute weitgehend fehlt: In Buchholz gibt es in fußläufiger Entfernung zur Innenstadt und zum Bahnhof große Flächenreserven, die bisher unbebaut sind. Diese Flächen liegen zum einen unmittelbar südlich des Bahnhofs, wo bis 1986 die Rütgerswerke standen und das inzwischen vorliegende Altlastsanierungskonzept noch nicht umgesetzt ist. Zum anderen sind die Flächen im Osten jenseits des Finanzamtes bisher aus der Stadtentwicklung ausgespart worden, da ihr Schicksal unmittelbar mit dem östlich um Buchholz herumführenden Ostring verbunden ist, der über die Jahrzehnte heftig umstritten war und ist.

Beide Flächenareale bieten eine Chance, in Buchholz auf dem Weg zur klimaneutralen Stadt ein großes Stück voranzukommen, die danach so umfassend nicht mehr wiederkehren wird. Buchholz hat sich diesem Ziel verschrieben. Und an beiden Standorten bietet sich die Chance, große Umweltbelastungen gar nicht erst entstehen zu lassen, insbesondere solche im Zusammenhang mit dem Kfz-Verkehr. Beide Standorte bieten die Möglichkeit, die Mobilität so zu planen, dass es möglich ist, auf Pkws zu einem großen Teil freiwillig zu verzichten – zugunsten von Bus, Bahn, Fahrrad oder den eigenen Füßen. Da kann Buchholz zu einem Vorbild in der gesamten Metropolregion werden.

Das rechts hinten liegende graue kastenartige Gebäude auf dem Rütgers-Gelände beherbergt eine Grundwasserreinigungsanlage. Außerdem markiert es ungefähr die Hälfte der zur Verfügung stehenden Flächen. Dahinter geht es bis zum Heidekamp noch einmal so weit wie abgebildet.

Es wird noch Jahrzehnte dauern, bis diese Entwicklungsreserven vollständig genutzt sind. Wir sollten nicht traurig sein, wenn Planungen viel länger brauchen, als ursprünglich gedacht war. Die Entwicklung einer Stadt endet ja nicht irgendwann in absehbarer Zukunft. Auch 2030 oder 2050 braucht Buchholz noch Entwicklungsspielräume – und spätestens dann nur noch nach höchsten Klimaschutzanforderungen.

Anhang

Die Rathausrückseite liegt zum Rathauspark hin. Rechts im Bild ist die Bronzeskulptur "Der Kinderkönig" zu sehen. Sie stammt vom Buchholzer Kulturpreisträger Martin Lühker (1955 - 2014). Das Motiv des Kinderkönigs zieht sich wie ein roter Faden durch sein ganzes Schaffen.

Ausgewählte Publikationen

Im Folgenden dort wird nur eine einzige Abkürzung, nämlich „GMV“ für „Geschichts- und Museumsverein Buchholz in der Nordheide und Umgebung e. V.“, benutzt.

AKADEMIE FÜR RAUMFORSCHUNG UND LANDESPLANUNG (HRSG., 1999): Grundriss der Landes- und Regionalplanung. Hannover

ARBEITSGEMEINSCHAFT ORTSCHRONIK FÜR DIBBERSEN/DANGERSEN (CA. 2003): Dibbersen & Dangersen. Eine zeitgeschichtliche Sammlung. Selbstverlag Buchholz-Dibbersen

BECKER, JOCHEN (1994): Geschichte der Gemeindespitze in Nordrhein-Westfalen. In: Geschichte im Westen (Zeitschrift für Landes- und Zeitgeschichte) Jahrg. 1994, Heft 1, S. 62 - 74

BODE, ROLF-JÜRGEN (2004): Die Samtgemeinde Tostedt ist erwachsen geworden. In: DÖRSAM, RENATE UND ULRICH KLAGES (HRSG., 2004): 900 Jahre Tostedt. PD-Verlag Heidenau, S. 271 - 288

BUCHHOLZ, GEMEINDE (HRSG., 1950): 500 Jahre Buchholz. Ein Festbuch zur 500-Jahrfeier. Selbstverlag Buchholz

BUCHHOLZ, STADT (HRSG., 2008): 50 Jahre Stadt Buchholz. Das Jahr 1958. Die Wochenblattserie zum Stadtjubiläum. Buchholz

BUCHHOLZER STADTBÜCHEREI (1991): Chronik der vergangenen 40 Jahre 1951 – 1991. 16 S.

BUSSE, REINHOLD (2009): Lüllau, Thelstorf, Wiedenhof – die geologische Entwicklung des Raumes bis zur ersten Besiedlung. In: Jesteburger Arbeitskreis für Heimatpflege e. V. (Hrsg.): Lüllau, Thelstorf, Wiedenhof – eine Dorfgeschichte. S. 17 - 31

CHRISTALLER, WALTER (1933): Die zentralen Orte in Süddeutschland – eine ökonomisch-geographische Untersuchung über die Gesetzmäßigkeiten der Verbreitung und Entwicklung der Siedlungen mit städtischen Funktionen

DEISTING, EHRHARD (1982): Alt-Buchholz lag an der Bendestorfer Straße. In: Geschichts- und Museumsverein Buchholz und Umgebung e. V. (Hrsg., 1982): Buchholzer Jahrbuch 1978 – 82, S. 38 - 47

DERS. (2002): Das Orts- und Flurgefüge Jesteburgs seit dem Mittelalter. In: JESTEBURGER ARBEITSKREIS FÜR HEIMATPFLEGE E. V. (HRSG., 2002): Jesteburg 1202 – 2002. Vom Bauerndorf zur Großgemeinde. Selbstverlag; S. 35 - 44

DIEKHÖNER, BIRGIT, HELMUT HOFFMEISTER, MICHAEL KREIDNER UND JAN WIBORG (1987): Die verschwiegenen zwanzig Jahre. Buchholz, Selbstverlag

DER NIEDERSÄCHSISCHE MINISTER DES INNEREN (1950): Landesraumordnungsplan (LROP) 1950. Selbstverlag

DERS. (1962): Grundlagen und Hinweise für ein Landesraumordnungsprogramm, Teile I und II

DERS. (1972): Vorbereitende Maßnahmen für die Verwaltungs- und Gebietsreform im kommunalen Bereich. Runderlass des Niedersächsischen Ministers des Inneren vom 7. 2. 1972. In: Niedersächsisches Ministerialblatt vom 22. 2. 1972

DERS. (1973): Landesraumordnungsplan (LROP) 1985. Selbstverlag

DÖRSAM, RENATE UND ULRICH KLAGES (HRSG., 2004): 900 Jahre Tostedt. PD-Verlag Heidenau

GIEBELMANN, WILHELM (1950): Die Bundesbahn. Die Entwicklung der Eisenbahnen im Buchholzer Raum. In: BUCHHOLZ, GEMEINDE (HRSG., 1950): 500 Jahre Buchholz, S. 138 - 140

GMV (HRSG., 1975): Buchholzer Jahrbuch 1975. Selbstverlag

GMV (HRSG., 1976/77): Buchholzer Jahrbuch 1977. Selbstverlag

GMV (HRSG., 1982): Buchholzer Jahrbuch 1978 - 82. Selbstverlag

GMV (1985): Steinbeck und Meilsen am Stuvenwald. Billers ut ole Tiden. Sonderheft des GMV, Hrsg. Vom Ortsrat Steinbeck

GMV (HRSG., 1987): Buchholzer Jahrbuch Nr. 4. Selbstverlag

GMV (1991): Geschichten und Bilder aus Holm, Seppensen und Holm-Seppensen. Sonderheft des GMV, hrsg. Vom Ortsrat Holm-Seppensen

GRIPP, KARL (1925): Die Oberflächenformen im Landkreise Harburg. In: LAUE, HEINRICH UND HEINRICH MEYER (HRSG.,1925): Zwischen Elbe, Seeve und Este. Ein Heimatbuch des Landkreises Harburg, S. 43 - 60

HANKE, HARALD (1977): Wer die Wahl hat … Eine Rückschau auf 30 Jahre Buchholzer Nachkriegskommunalwahlen 1946 – 76. GMV (HRSG., 1977): Buchholzer Jahrbuch 1976/77, S. 136 - 150

HEYKEN, ENNO (1982): Untersuchung zum „Ecclesiae Verdensis“ und die erste schriftliche Erwähnung des Ortes Buchholz in der Nordheide. In: GMV (Hrsg., 1982): Buchholzer Jahrbuch 1978 - 82, S. 32 - 37

HINRICHS, DIEDRICH (1950): Die Verkoppelung der Feldmark und ihre Bedeutung für die Landwirtschaft. In: BUCHHOLZ, GEMEINDE (HRSG., 1950): 500 Jahre Buchholz. Ein Festbuch zur 500-Jahrfeier, S. 59 - 67

JASTRAM, CARL-GÜNTHER, UND KARL SCHMIDT (HRSG): 1901 – 1976. 75 Jahre Schützenverein Buchholz und Umgebung. Selbstverlag

JASTRAM, CARL-GÜNTHER (1998): Stadt Buchholz in der Nordheide 1958 – 1998. Selbstverlag, 60 S.

DERS. (2012a): 1901 - 2001 – Hundert Jahre Buchholz und der Schützenverein Buchholz und Umgegend von 1901 e. V. Band 1: Buchholz und seine Schützen zu Kaisers Zeiten. Books on Demand GmbH, Norderstedt, 288 S.

DERS. (2012b): 1901 - 2001 – Hundert Jahre Buchholz und der Schützenverein Buchholz und Umgegend von 1901 e. V. Band 2: Buchholz und seine Schützen zu Zeiten der Weimarer Republik. Books on Demand GmbH, Norderstedt, 276 S.

DERS. (2012c): 1901 - 2001 – Hundert Jahre Buchholz und der Schützenverein Buchholz und Umgegend von 1901 e. V. Band 3: Buchholz und seine Schützen zu Zeiten des Dritten Reiches. Books on Demand GmbH Norderstedt, 318 S.

JESTEBURGER ARBEITSKREIS FÜR HEIMATPFLEGE E. V. (HRSG., 2002): Jesteburg 1202 – 2002. Vom Bauerndorf zur Großgemeinde. Selbstverlag

DERS. (HRSG., 2009): Lüllau, Thelstorf, Wiedenhof – eine Dorfgeschichte. PD-Verlag Heidenau

JÜLICHER, ERNST (1950): Die Gemeindeverwaltung. In: BUCHHOLZ, GEMEINDE (HRSG., 1950): 500 Jahre Buchholz. Ein Festbuch zur 500-Jahrfeier, S. 182 - 195

DERS. (1957): Verwaltungsbericht für die Jahre 1949 bis 30. 6. 1956. Mskr., Stadtarchiv Buchholz

KAUFHOLD. ROLF-PETER (2018): Bau-Denk-Mal. Selbstverlag, 78 S.

KEGEL, GERHARD (1975): Franzosen in Buchholz. In: GMV: Buchholzer Jahrbuch 1975, S. 85 - 92

KEHLMANN, DANIEL (2005): Die Vermessung der Welt. Reinbek, Rowohlt Verlag

KLEINFELD, MARTIN (2007): Kurze Übersicht zur Verwaltungsgeschichte des Landkreises Harburg. Mskr., Winsen

DERS. (2008): „Preußenschlag“ und Kreisreform – 75 Jahre Landkreis Harburg. In: LANDKREIS HARBURG (HRSG.): KREISKALENDER 2008, S. 23 - 36

DERS. (2009): Lüllau in der Franzosenzeit. In: JESTEBURGER ARBEITSKREIS FÜR HEIMATPFLEGE E. V. (HRSG., 2009): Lülllau – Thelsdorf – Wiedenhof. Eine Dorfgeschichte, S. 69 - 82

KLUDAS, WALTER (1981): Buchholz. Gesicht und Geschichte eines Heide-Ortes. Selbstverlag Buchholz

DERS. (1983): Buchholz. Bilder aus Vergangenheit und Gegenwart mit Erzählungen. Selbstverlag Buchholz

LAUE, HEINRICH UND HEINRICH MEYER (HRSG.,1925): Zwischen Elbe, Seeve und Este. Ein Heimatbuch des Landkreises Harburg, Band 1 und 2, Harburg

LAWRENZ, DIERK UND LOTHAR EICHMANN (1997): Die Heidebahn von Buchholz über Schneverdingen nach Soltau. Eisenbahnkurier-Verlag, 2. Auflage, 222 S.

LEHNERS, RICHARD (1967): Die Verwaltungs- und Gebietsreform in Niedersachsen. In: Die Niedersächsische Gemeinde Jg. 19, S. 266 - 273

DERS. (1968): Fragen der Gebiets- und Verwaltungsreform. In: Die Niedersächsische Gemeinde Jg. 20, S. 297 - 302

LUKNER, BERNWARD (1950): Buchholz als Verkehrsmittelpunkt. In: BUCHHOLZ, GEMEINDE (HRSG., 1950): 500 Jahre Buchholz, S. 128 - 138

MARQUARDT, WILHELM (1977): 1105 – 1976 Sprötze. Selbstverlag Sprötze

DERS. (1979): Bötersheim, Drestedt, Kakenstorf, Trelde. Chronik ehemaliger Gemeinden. Selbstverlag, Drestedt-Kakenstorf-Trelde

MEFFERT, HANS (1968): Raumordnungsvorstellungen für das niedersächsische Gebiet südlich Hamburg. In: SPECKTER, HANS UND PETER MÖLLER (Red.): Raumordnung an der Niederelbe – Methoden und Ziele. Hamburg und Hannover 1968, S. 41 - 49

NIEDERSÄCHSISCHES LANDESAMT FÜR LANDESPLANUNG UND STATISTIK (1950): Atlas Niedersachsen 1950

PEITHMANN, ORTWIN (1996): 50 Jahre Raumplanung in Niedersachsen – Ziele und organisatorische Voraussetzungen. In: KUROPKA UND VON LAER (HRSG): Woher kommt und was haben wir an Niedersachsen? Cloppenburg (Vechtaer Universitätsschriften 16), S. 289 - 317

PÜTTNER, GÜNTER UND ALBRECHT RÖSLER (1997): Gemeinden und Gemeindereform in der ehemaligen DDR. Baden-Baden

RAMUSCHKAT, DIETMAR (2002): Berlin-Bremen via Wittenberge-Lüneburg-Buchholz – eine Eisenbahnlinie entsteht. Niebüll, 274 S.

RICHTER, KLAUS (1984): Grundzüge der geschichtlichen Entwicklung des Buchholzer Raumes von der Christianisierung bis ins 20. Jahrhundert. In: Kreiskalender 1984, S. 95 - 105

SACHVERSTÄNDIGENKOMMISSION FÜR DIE VERWALTUNGS- UND GEBIETSREFORM IN NIEDERSACHSEN (1966): Zwischenbericht

DIES. (1967): Zweiter Zwischenbericht

DIES. (1969): Kommissionsbericht

SCHUBEL, OTTO (1950): Die Butenhamburger. In: BUCHHOLZ, GEMEINDE (HRSG., 1950): 500 Jahre Buchholz. Ein Festbuch zur 500-Jahrfeier, S. 153 - 156

SCHUUR, ANNEGRET (2005): 900 Jahre Sprötze – Geschichte und Geschichten. Selbstverlag Sprötze

DIES. (2012): Die „Vierdörfer-Gemeinschaft". Selbstverlag Heimatmuseum „Vierdörfer Dönz" e. V.

SPANDAU-MYLIUS, REGINA (2001):"Damals in Holm-Seppensen …". Menschen erzählen von früher. Selbstverlag Buchholz-Holm-Seppensen

SPECKTER, HANS UND PETER MÖLLER (RED., 1968): Raumordnung an der Niederelbe, Methoden und Ziele. Hamburg und Hannover

Stegmann, Dirk (2002): Jesteburg 1850-1972 – Gesellschaft, Wirtschaft, Politik, Alltagskultur. In: Jesteburger Arbeitskreis für Heimatpflege e. V. (Hrsg., 2002): Jesteburg 1202 – 2002. Vom Bauerndorf zur Großgemeinde. S. 97 - 230

St.Paulus-Gemeinde Buchholz (Hrsg., 1992): St.Paulus im Wandel der Zeit. Festschrift zum 100jährigen Bestehen der St.Paulus-Kirche in Buchholz 1892 - 1992

von Rohr, Götz (2012): Keine Zeit zu trauern. Wie es in Buchholz 1945 weiterging. PD-Verlag Heidenau, 315 S.

Ders. (2018): 100 Jahre SPD Buchholz 1919 - 2019. Hrsg. vom Ortsverein Buchholz der SPD, Selbstverlag, 116 S.

von Unruh, Georg-Christoph (1978): Gebiets- und Verwaltungsreform in Niedersachsen. Hrsg. von der niedersächsischen Landeszentrale für politische Bildung Hannover

Wegewitz, Willi (1950): Die Feldmark Buchholz in urgeschichtlicher Zeit. In: Buchholz, Gemeinde (Hrsg., 1950): 500 Jahre Buchholz, S. 36 - 41

Wolff, Heide (2019): Buchholz. Mein Dorf – meine Stadt. Erinnerungen. 53 S., Selbstverlag

Quellenhinweise zu den Einzelkapiteln

Die Protokolle von Gesprächen mit Klaus Adam, Hans-Jürgen Klutmann und Herbert Wolske (vgl. Vorwort des Autors) liegen in voller Länge im Buchholzer Stadtarchiv vor und sind von den Gesprächspartnern auf ihre Richtigkeit geprüft worden.

Bei den Hinweisen auf Publikationen aller Art wird die Kurzform (Name, Jahr) verwendet, wie sie auch im Publikationsverzeichnis zu finden ist. Wie auch dort wird hier nur eine einzige Abkürzung, nämlich „GMV" für „Geschichts- und Museumsverein Buchholz in der Nordheide und Umgebung e. V.", benutzt.

Quellen zu Kapitel 1 (Ist Buchholz eine „richtige" Stadt?)

In diesem Kapitel wird der rote Faden des vorliegenden Buches erläutert. Quellenhinweise finden sich deshalb erst zu den Kapiteln 2 bis 12. Das Niedersächsische Kommunalverfassungsgesetz ist einfach zu googeln.

Quellen zu Kapitel 2 (Von der Eiszeit bis zur Eisenbahn – die Entwicklung von Buchholz und Umgebung vor der Gebietsreform)

Wie schon die Überschrift dieses Kapitels erkennen lässt, handelt es sich hier um einen „Parforceritt" durch die Buchholzer Geschichte. Die folgenden Quellenangaben können meist nur sehr zusammenfassend sein. Bei von Rohr (2012) haben das erste und das letzte Kapitel eine sehr ähnliche Zielsetzung wie das 2. Kapitel dieses Buches, nämlich einen knappen historischen Einstieg und abschließend einige kurze Hinweise zur Entwicklung seit 1955 zu bieten. Deshalb finden sich im 2. Kapitel teilweise wortähnliche Passagen.

Die Landschaft in und um Buchholz

Eine ausführliche und nach wie vor aktuelle Darstellung zur geologischen und paläoklimatischen Landschaftsentwicklung seit der letzten Eiszeit findet sich bei Busse (2009). Auch wenn sie im Sammelband über Lüllau, Thelsdorf und Wiedenhof erschienen ist und sich in Teilen gezielt auf diese Ortschaften bezieht, gelten die Aussagen fast durchgängig auch für Buchholz, allemal für seine östlichen und südlichen Ortschaften.

Die Buchholzer Ortschaften sind vermutlich alle im Frühmittelalter entstanden

Hier liegen vor allem Richter (1984), außerdem Marquardt (1979) sowie bezüglich der Ersterwähnung von Buchholz Heyken (1982) zugrunde. Wegewitz (1950) beschreibt ausführlich Grabungsfunde in Buchholz und Umgebung. Speziell zu im Spätmittelalter wüst gefallenen Höfen und Äckern ist auf Deisting (1982, insbesondere S. 44 - 46) zu verweisen.

Dreißigjähriger Krieg und Franzosenzeit

Die Folgen des Dreißigjährigen Krieges für Buchholz sind am ausführlichsten in Kludas (1981, insbesondere S. 24 ff und S. 35 ff) beschrieben. Der Franzosenzeit widmet sich Kleinfeld (2009) zwar am Beispiel von Lüllau. Die Aussagen gelten jedoch größtenteils auch für die Ortschaften von Buchholz, die teilweise zudem direkt erwähnt sind. Auch Kegel (1975) widmet sich in interessanten Details der Franzosenzeit.

Heidelandschaft und Heidschnuckenwirtschaft

Zur Entwicklung der Dörfer und Fluren bis ins 19. Jahrhundert hinein findet sich viel bei Kludas (1981), Marquardt (1977) und Richter (1984), beim Jesteburger Arbeitskreis für Heimatpflege e. V. (Hrsg., 2009) oder bei Dörsam/Klages (2009). Zur Heidschnuckenwirtschaft bietet seit kurzem die neue Dauerausstellung des GMV in der Geschäftsstelle in Seppensen reichlich Informationsmaterial.

Die Bahn erreicht Buchholz – ohne viel Einsatz seitens der Gemeinde

Die Ausführungen basieren auf Ramuschkat (2002). Buchholz kann sich glücklich schätzen, über eine derart gründliche verkehrshistorische Monographie zu verfügen. Darin werden zwei Fehlinformationen geradegerückt, die sich in Buchholz verfestigt hatten. Zum einen haben sich die Vertreter von Buchholz nicht etwa intensiv für den Anschluss an die Bahn eingesetzt (wie z. B. noch Kludas 1981, S. 220 schreibt), sondern eher nur zögerlich mit dem Eisenbahnanschluss arrangiert (Ramuschkat 2002, S. 224). Zum anderen gibt es bezüglich der Heidebahn keine Belege dafür, dass die Gemeinden Seppensen und Holm Haltepunkte in Dorfnähe ablehnten und dadurch die Wahl auf den heutigen Bahnhofsstandort in Holm-Seppensen fiel. Die Gemeinden wurden vielmehr gar nicht ernsthaft gefragt. Für die Preußische Eisenbahn-Direktion stand mit der Festlegung der Bahntrasse zwischen Buchholz und Handeloh (damals noch „Handorf Kreis Harburg") fest, dass genau auf halber Strecke (Ramuschkat 2002, S. 96) zwischen diesen beiden Bahnhöfen eine sogenannte „Zugbegegnungsmöglichkeit" geschaffen werden müsste, also ein Bahnhof, an dem zwei Gleise in der ansonsten eingleisigen Strecke verlegt werden. Dies ist der Grund, warum der Bahnhof Hom-Seppensen buchstäblich „im Nichts" bzw. auf der freien Heide der Gemarkung der damaligen Gemeinde Lüllau gebaut wurde. Das erste weitere Gebäude war dann das Wohnhaus des Stationsvorstehers.

Bahnen in fünf Richtungen – Buchholz startet durch

Der Ausbau des Bahnhofs Buchholz wird bei Lawrenz/Eichmann 1997 (v. a. 4. Kapitel) und Ramuschkat (2002), außerdem bei Lukner (1950) und Giebelmann (1950) beschrieben. Die Einwohnerzahlen von Buchholz und allen Gemeinden in der weiten Umgebung sind in Laue/Meyer 1925, Bd. 1, S. 463 in ihrer Entwicklung zwischen 1900 und 1925 dokumentiert. Seit den 1950er Jahren finden sich die aktuellen Bevölkerungszahlen aller Gemeinden des Landkreises Harburg in den jährlich erscheinenden Kreiskalendern.

Buchholz wird zu einem kleinen Nordheidezentrum

Neben dem Jubiläumsband „500 Jahre Buchholz" aus dem Jahre 1950 sind hier Kludas (1981 und 1983) und die verschiedenen GMV-Jahrbücher zu nennen, worin wiederum die verschiedensten Autoren zu Wort kommen. Dort sind weitere Quellen dokumentiert. Erneut ist auf den Beitrag von Richter (1984) aus dem Kreiskalender zu verweisen. Was Informationen zu den einzelnen Buchholzer Ortschaften betrifft, sind für Steinbeck und Meilsen GMV (1985), für Holm-Seppensen einschließlich der Ortschaften Holm und Seppensen GMV (1991) und Spandau-Mylius (2001), für Sprötze die Bände von Marquardt (1977) und Schuur (2005), für Trelde Marquardt (1979) sowie für Dibbersen und Dangersen AG Ortschronik (2003) zu nennen.

Wochenendhaussiedlungen machen Buchholz zur „Ort im Grünen"

Sehr anschaulich sind der Beitrag von Schubel (1950) sowie das unmittelbar davor im 500-Jahre-Jubiläumsband abgedruckte Gedicht (o. Verf., frei nach Eugen Roth). Ein ausführlicher Überblick findet sich bei von Rohr (2012, S. 195 ff).

Auch im Nationalsozialismus ist Buchholz ein Zentrum
Die Dokumentation von Diekhöner/Hoffmeister/Kreidner/Wiborg (1987) über „Die verschwiegenen zwanzig Jahre" ist bis heute die sorgfältigste und ausführlichste Quelle zur NS-Zeit in Buchholz.

Der Zweite Weltkrieg führt zu mehr als einer Verdoppelung der Einwohnerzahl
Der breiteste Überblick zum Zeitraum von 1945 bis 1955 findet sich bei von Rohr (2012).

Erste Schritte hin zur Stadt
Erneut ist auf von Rohr (2012) hinzuweisen, insbesondere das letzte Kapitel.

Quellen zu Kapitel 3 (Die Kommunalreform von 1972 ist nicht die erste in Niedersachsen)

Abschaffung der Leibeigenschaft
Hier sind vor allem generelle historische Fakten angesprochen, die sich über Wikipedia leicht verifizieren lassen. Zur Rolle der Hannoverschen Landeskreditanstalt findet sich genaueres bei Richter (1984, S. 101 und 102).

Die Agrarreformen sorgen auf dem Land für die Bildung „richtiger" Gemeinden
Auch hier ist wieder Richter (1984, S. 102) zu nennen. Wer die Schwierigkeiten bei der Landesvermessung im Königreich Hannover unter Leitung von Carl Friedrich Gauß genauer nachvollziehen möchte, dem sei die Lektüre von Kehlmanns „Vermessung der Welt" (2005) empfohlen. Ausführliche Darstellungen mit jeweils unterschiedlichen Schwerpunkten zu Agrarreform, Generalteilung und Verkoppelung finden sich bei Hinrichs (1950), Marquardt (1977, S. 85 ff, S. 143 ff) und Kludas (1981, S. 92 ff).

Gemarkungen werden abgegrenzt und Grundbücher angelegt
Hier sind dieselben Quellen wie im vorherigen Abschnitt zu nennen. Zum Schnitt der Grenzen von Trelde und speziell Suerhop ist auf Marquardt (1979) zu verweisen.

Weitere Reformen auf Gemeindeebene in Hannover und Preußen
Die erwähnten Gesetzestexte können unmittelbar bei Wikipedia aufgerufen werden. Kleinfeld (2008) erläutert die Kreisreformen vom 19. Jahrhundert bis 1932. Im Sammelband der Akademie für Raumforschung und Landesplanung zur Thematik der Landes- und Regionalplanung (Hrsg., 1999) wird das Groß-Berlin-Gesetz behandelt, bei Speckter/Möller (1968) die Schumachersche Konzeption für die Hamburger Region. Auch zu diesen historischen Grundfakten darf man Wikipedia bemühen.

Die Nazis machen mit den Gemeinden kurzen Prozess
Im Preußisches Gemeindeverfassungsgesetz vom 15.12.1933 (Wikipedia) wird das „Führerprinzip" verankert. Auch Näheres zum Groß-Hamburg-Gesetz ist bei Wikipedia gut dokumentiert.

Die Briten trauen den Deutschen auch in der Kommunalpolitik nicht über den Weg
Bei Becker (1994) wird die Einführung der zweigleisigen Kommunalverfassung im britischen Besatzungsgebiet beschrieben. Schuur (2012, S. 12 und 13) beschreibt die Geschichte des Trelder Standesamtes.

Quellen zu Kapitel 4 (Kommunalverwaltung wird immer komplizierter und spezialisierter:

Das Verbrennen der Buchholzer Gemeindeakten ist bei von Rohr (2012, S. 37) beschrieben. Walter Kludas findet im niedersächsischen Hauptstaatsarchiv (Bezeichnung von 1981) in Hannover das Buchholzer Gebäudebuch. Die Angaben zu den Buchholzer Gebäuden sind im Anhang von Kludas (1981, S. 293 bis 316) abgedruckt. Die entscheidende Eintragung zum Gebäude Breite Straße 10, also zum späteren „Alten Rathaus", findet sich auf S. 311. Die Information, dass 1921 die erste Verwaltungskraft eingestellt wird, stammt aus Jülicher (1950). Im Übrigen ist auf die Dokumentation „Daten zur Stadtgeschichte" des Buchholzer Stadtarchivs zu verweisen. Die Angaben zu den 1920er und 1930er Jahren sind darin schon sehr dicht.

Die Daten zur Zahl der Verwaltungsbediensteten in Buchholz und benachbarten Gemeinden stammen aus dem Stadtarchiv. Zur Wohnraum- und Lebensmittelbewirtschaftung enthält von Rohr (2012, insbesondere S. 57ff und 66ff) ausführliche Überblicke.

Die Debatte um ein neues Rathaus findet in allen Details ihren Niederschlag in der örtlichen Presse und damit in der Presseausschnittssammlung des Stadtarchivs.

Quellen zu Kapitel 5 (Als Buchholz beinahe Kreissitz geworden wäre ...)

Der Nachlass des Ehepaars Schmidt

Das Testament und die Katasterplanzeichnung aller betroffenen Grundstücke liegen im Stadtarchiv Buchholz (Richard-Schmidt-Mappe). Dort finden sich auch Listen mit der Zusammensetzung des Gemeinderates nach den Wahlen 1919, 1921 und 1929. Weiterhin finden sich dort Abbildungen zur einer Kaffeedose und einer Kaffeschütte aus dem Kaffeehandel von Richard Schmidt.

Schon 1932 ist Buchholz als Kreissitz denkbar

Zur Zusammenlegung der Kreise Harburg und Winsen im Jahre 1932 findet sich Näheres bei Kleinfeld 2007 und vor allem 2008. Die Endfassung des von der Gemeinde Buchholz angenommenen Testaments findet sich wiederum in der Richard-Schmidt-Mappe im Stadtarchiv. Die relevanten Gemeinderatsprotokolle, insbesondere vom 23.6.1945, liegen ebenfalls im Archiv.

Statt Kreishaus erst einmal Berufsschule – immerhin eine Kreiseinrichtung

Hier kann auf die Protokolle der genannten Gemeinderatssitzungen zurückgegriffen werden. Der Bau und die Einweihung der Berufsschule werden in der Presse 1949 und 1950 ausführlich begleitet (Presseausschnittsmappen im Stadtarchiv).

Schützenhaus, Schützenhalle, Waldschule, Waldfriedhof, Bundesbahnschule, Zivildienstschule, Krankenhaus

Auch zu diesen Bauvorhaben wird in der örtlichen und regionalen Presse ausführlich und übereinstimmend berichtet (Presseausschnittsmappen). Eine weitere Quelle ist die Festschrift anlässlich des 75-jährigen Bestehens des Schützenvereins im Jahre 1976 (S. 26 - 28, liegt im Stadtarchiv vor). Zum Waldfriedhof kann auf St.Paulus-Gemeinde 1992 (S. 127 ff) zurückgegriffen werden.

1958 wird endgültig über den Sitz des Kreises entschieden – er bleibt in Winsen

Hier ist auf Kleinfeld (2008) zu verweisen. Die relevanten Dokumente des Landkreises sind im Kreisarchiv unter K 602/1 und 2 abgelegt. Dabei ist das formelle Protokoll der Kreistagssitzung vom 30. Juni 1958 die wichtigste Quelle, zumal es ausgesprochen ausführlich formuliert ist.

Quellen zu Kapitel 6 (Buchholz wird nicht ganz zufällig zum Mittelzentrum)

Zur Rolle der Zentrale-Orte-Theorie in der Landes- und Regionalplanung ist auf Akademie für Raumforschung und Landesplanung (1999, insbesondere S. 157ff) zu verweisen. Zur Dissertation von Walter Christaller und zu seiner Vita bietet Wikipedia einen guten ersten Einstieg.

Der erste Landesraumordnungsplan des niedersächsischen Innenministers, im Jahre 1950 veröffentlicht, enthält die damaligen Buchholz-spezifischen Festlegungen. Die „Gemeinsame Landesplanungsarbeit“ zwischen Niedersachsen und Hamburg mit der Zuordnung der Funktionen „Entlastungszentrum“ und Aufbauort“ ist in Speckter/ Möller (1968) und darin insbesondere im Beitrag von Meffert erschöpfend dokumentiert. Die Heraufstufung von Buchholz zum uneingeschränkten Mittelzentrum im Jahre 1973 ist in Niedersächsischer Minister des Inneren (1973) nachzulesen.

Quellen zu Kapitel 7 (Die Gebietsreform braucht eine gesetzliche Grundlage)

Hier ist vor allem anderen der Abschlussbericht der Sachverständigenkommission („Weber-Kommission“) aus dem Jahre 1969 verwendet worden (liegt im Samtgemeindearchiv von Jesteburg). Die Ergebnisse der Reformbemühungen sowohl in Niedersachsen (Harburg-Gesetz) als auch in den anderen Ländern sind problemlos Wikipedia zu entnehmen. Einen fachlichen Überblick gibt von Unruh (1978). Dies Heft der niedersächsischen Landeszentrale für Politische Bildung liegt im Kreisarchiv des Landkreises Harburg. In Püttner/Rösler (1997) sind die Gemeindereformbemühungen in der ehemaligen DDR ausführlich dargestellt. Zu den ersten Samtgemeinden im Landkreis Harburg und insbesondere zur SG Tostedt vgl. Bode (2004).

Quellen zu Kapitel 8 (Eingemeindung nach Buchholz? Alles – nur das nicht!)

Über die Gespräche von Werner Böhring mit Vertretern der Elekta-Planer (Herr Gosselk und S.A.L. Planungsgruppe Berlin) kann in der Elekta-Mappe des Heimatmuseums „Vierdörfer Dönz“ nachgelesen werden. Werner Böhring hat den Autor außerdem über einiges persönlich informiert (der hofft, alles richtig verstanden zu haben). Im Übrigen findet sich der Elekta-Abschlussbericht einschließlich Hinweis auf die Mitautorenschaft von Klaus Töpfer im Stadtarchiv Buchholz, wo auch die Vorschläge der Landesregierung und die Stellungnahmen des Landkreises sowie der einzelnen Gemeinden zu den jeweiligen Varianten der Gebietsreform zu finden sind.

Quellen zu Kapitel 9 (Formal muss alles stimmen – die Gebietsänderungsverträge)

Form und Inhalt der Gebietsänderungsverträge sind im Runderlass des Innenministers vom 7.2.1972 (Nds. Min.Bl. vom 22.2.1972) geregelt. Die Verträge selbst sind alle im Stadtarchiv zu finden, sowohl in der knappen als auch in der ausführlichen Fassung.

In den Kapiteln 9, 10 und 11 konnten viele Detailinformationen aus den Gesprächen mit Klaus Adam, Hans-Jürgen Klutmann und Herbert Wolske entnommen werden (vgl. Vorwort des Autors). Die Protokolle dieser Gespräche sind dem Stadtarchiv Buchholz zur Verfügung gestellt worden.

Herr Wolske hat das „Vergessen“ des Straßenausbaus vom Sonnenhof über Reindorf bis nach Seppensen an seinem Arbeitsplatz mitverfolgen können. Alle weiteren Informationen kommen aus dem Stadtarchiv.

Quellen zu Kapitel 10 (Die Zusammenarbeit in der neuen Stadt beginnt holperig)

Die Belege finden sich wiederum im Stadtarchiv Buchholz. Die Gesprächsprotokolle mit Klaus Adam, Hans-Jürgen Klutmann und Herbert Wolske bieten viele Detailinformationen zu diesem Kapitel (s. o.). Dass das Dienstsiegel von Sprötze beim Umzug verloren ging, wissen fast alle alten Sprötzer und Sprötzerinnen. Die erneute Wahl von Dr. Adolf Matthies zum Buchholzer Bürgermeister im Herbst 1972 ist ausführlich bei von Rohr (2018, S. 41) beschrieben.

Quellen zu Kapitel 11 (Die Debatte um ein neues Rathaus beschäftigt Buchholz lange)

Auch in diesem Kapitel sind die Gespräche mit Klaus Adam und Hans-Jürgen Klutmann, sowie auch mit Dieter Ohnesorge und Herbert Wolske besonders ergiebig. Weiterhin wird auf die differenzierten Unterlagen des Stadtarchivs zurückgegriffen, was sowohl die Rats- und Ausschussprotokolle als auch die Pressedokumentationen betrifft. Auch die verschiedenen Architektenentwürfe für ein neues Rathaus sind hier zu finden. Herr Ohnesorge steuerte u. a. Informationen zum Besuch einer Buchholz-Delegation in Bocholt bei.

Quellen zu Kapitel 12 (Ist Buchholz auf dem Weg zur „richtigen“ Stadt angekommen?)

Die dokumentierten statistischen Daten sind den Homepages der jeweiligen Städte entnommen. Die Hinweise, welche Gebäude unter Denkmalschutz stehen, stammen aus Kaufhold (2018).

Stichwort- und Personenregister

Abbildungsnachweis